Say „oui" TO NEW adventures

WWW.GUIDEME.CH GUIDEME_TRAVEL

GUIDE ME PARIS MEINE STADT IN 100 TIPPS

Das bin ich
4 **LOUISA LÖW** >> @LULOUISAA

PARIS AUF EINEN BLICK
6 ÜBERSICHTSKARTE PARIS UND 15 HIGHLIGHTS

VOR DEINER REISE
8 GUT ZU WISSEN & SPRACHFÜHRER
10 REISE-KNIGGE

PARIS IN 100 TIPPS
12 ZENTRUM MIT CHAMPS-ÉLYSÉES
42 WESTEN MIT EIFFELTURM
64 SÜDEN MIT INSELN
88 OSTEN MIT MARAIS
112 NORDEN MIT MONTMARTRE

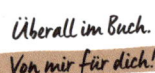

Überall im Buch. Von mir für dich!

140 **GROSSER PARTYGUIDE**
144 **EVENTS & FESTIVALS**
150 **LINIENNETZPLAN**
152 **KLEINES REISETAGEBUCH**

Inhalt

INHALT PARIS

46

118

82

22

ZENTRUM MIT CHAMPS-ÉLYSÉES

WESTEN MIT EIFFELTURM

SÜDEN MIT INSELN

OSTEN MIT MARAIS

NORDEN MIT MONTMARTRE

GUIDE ME PARIS MEINE STADT IN 100 TIPPS

Hello
Das bin ich

LOUISA LÖW

Mein liebster Ort in Paris? Der Eiffelturm! Besonders im Dunkeln, wenn er zur vollen Stunde glitzert.

Mein Pariser Lieblingsgericht?

Süßigkeiten jeglicher Art! Von Croissants über Macarons bis hin zu Crêpes.

3 Dinge, die du auf deinem
Paris-Trip unbedingt dabei
haben solltest:

- ☐ Baskenmütze
- ☐ Kamera
- ☐ Bequeme Schuhe

Meine
Lieblingsfarben

Hallo, ich bin Louisa, 25 Jahre alt, wohne in einer Kleinstadt bei Frankfurt und stehe kurz vor dem Abschluss meines Medien- und Kommunikationsmanagement-Studiums. Nebenher bin ich als Content Creator auf Instagram aktiv und daher immer wieder auf der Suche nach schönen Locations zum Shooten. Und ich muss sagen: Paris ist die fotogenste Stadt, die ich kenne – „Insta"-Spots soweit das Auge reicht! Aber natürlich hat die Stadt der Liebe, des Lichts und des Stils noch viel mehr zu bieten als schöne Fotomotive. Ob bei einer romantischen Fahrt mit dem Partner auf der Seine, beim Shopping-Trip mit einer Freundin oder bei einem Ausflug mit dem Patenkind ins Disneyland – in Paris gibt es enorm viel zu entdecken!

Liebe auf den ersten Blick war es mit Paris und mir aber nicht so ganz. Mit 13 war ich zum ersten Mal dort, im Rahmen eines Schüleraustauschs. Es hat in Strömen geschüttet – wir haben ein Museum nach dem anderen besucht. Dann ging es endlich Richtung Eiffelturm, ich war voller Vorfreude. Und dann das: Wir stiegen 765 endlose Stufen hinauf zur Aussichtsplattform! Mein Lehrer behauptete, man könne die oberen Etagen nur zu Fuß erreichen! Oben erfuhren wir, dass man auch Aufzug fahren kann … Trotzdem hat Paris es mir schon damals angetan und bei meinen weiteren vier Trips hat mich diese fantastische Stadt dann von der ersten Minute an verzaubert.

Damit auch du einen unvergesslichen Aufenthalt in Paris hast und es dir möglichst nirgends so ergeht wie mir damals am Eiffelturm, habe ich in diesem Reiseführer meine 100 besten Tipps und absoluten Lieblingsplätze zusammengestellt. Ganz viel Spaß beim Lesen und Entdecken!

*Und jetzt komm mit,
ich zeige dir Paris!*

WWW.LOUBOUTIQUE.DE   LULOUISAA

PARIS
Bucket List

Alle Highlights sind im Buch mit einem ✹ gekennzeichnet.

Osten

BLOSS NICHT VERPASSEN!
- ○ GALERIE VIVIENNE
- ○ PETIT PALAIS
- ○ LE GRAND COLBERT
- ○ DIE SCHÖNSTEN EIFFELTURM-FOTO-SPOTS
- ○ LE P'TIT TROQUET
- ○ MUSEÉ D'ORSAY
- ○ IM CRÊPES-HIMMEL
- ○ CAFÉ DE FLORE
- ○ SPAZIEREN AN DER SEINE
- ○ WILD & THE MOON
- ○ SZENEVIERTEL MARAIS
- ○ ST. MARTIN & KANAL
- ○ MOULIN ROUGE & ROTLICHTVIERTEL
- ○ PINK MAMMA
- ○ CAFÉ A

TO BE CONTINUED...
- ○ ....
- ○ ....
- ○ ....
- ○ ....
- ○ ....
- ○ ....
- ○ ....
- ○ ....

GUIDE ME PARIS MEINE STADT IN 100 TIPPS

VOR DEINER REISE

Gut zu wissen

NICHT VERGESSEN – Ein stylisches Outfit (Paris ist nicht umsonst die Wiege der haute couture.)

ERMÄSSIGUNGEN – Über die **KIOSQUES JEUNES** kommt man unter 30 Jahren an Freikarten oder vergünstigte Tickets für Konzerte, Theater, Shows, Sportveranstaltungen usw. Dazu vorab online registrieren. Der **PARIS MUSEUM PASS** (www.parispass.de/; 2/4/6 Tage 52/66/78 Euro) ermöglicht den Eintritt in über 50 Museen und anderen Sehenswürdigkeiten in und um Paris.

UNTERWEGS

MIT DEM AUTO – Autofahren in Paris? Wer nicht muss, sollte es lassen. In Paris gibt es Umweltzonen, in die man nur mit der Crit'Air Vignette (Umweltplakette) einfahren darf.
MIT BUS UND BAHN – Am schnellsten sind Métro und S-Bahn (RER) unterwegs. In den Bussen der Linien 73 und 21 bekommst du für 1,90 Euro eine Stadtrundfahrt!
Länger in Paris? Der Pass Navigo Decouverte berechtigt kalenderwochenweise (1 Woche: 22,80 Euro plus einmalig 5 Euro Passgebühr) zur Nutzung des Métro-, RER- und Busnetzes in allen Zonen (www.navigo.fr).

SPEZIALTOUREN

MEETING THE FRENCH – Gourmettouren und Führungen hinter die Kulissen
PARIS PHOTOGRAPHY TOURS – Profifotografen begleiten dich durch Paris.
SET IN PARIS – 2-stündige Führungen zu Filmdrehorten in der Stadt

DURST? – Eine Karaffe Leitungswasser (carafe d'eau) bekommt man in fast jedem Restaurant umsonst dazu, denn die Pariser sind stolz auf ihre Wasserqualität. Unterwegs gibt's zudem viele Trinkbrunnen, z. B. die Fontaine Wallace.

FREE WIFI – An rund 300 öffentlichen Plätzen, Parks, Bibliotheken, Gebäuden oder etwa im Centre Pompidou gibt es kostenloses WLAN, auf Französisch wifi.

LINKS

PARISMALANDERS.COM – Kostenlose Stadtführungen von deutschen Locals
LIKEALOCALGUIDE.COM/PARIS/ NIGHTLIFE – Guter Überblick über das Bar- & Club-Angebot in Paris
PANAMEPODCAST.COM – In diesem Podcast dreht sich alles um die versteckten Seiten von Paris.

VOR DEINER REISE GUT ZU WISSEN & SPRACHFÜHRER

Urlaubs-Französisch

ja / nein / vielleicht	oui / non / peut-être
bitte / danke	s'il vous plaît / merci
Gern geschehen.	De rien.
Entschuldigung.	Excusez-moi.
Verzeihung! (im Gedränge)	Pardon!
Gute(n) Morgen / Abend / Nacht	Bonjour / Bonsoir / Bonne nuit
Hallo / Tschüss	Salut
Wie gehts dir?	Ça va?
Gut / Geht so / Schlecht	Bien / Pas mal / Mal
Ich heiße … / Wie heißt du?	Je m'appelle … / Comment tu t'appelles?
Ich möchte …	Je voudrais …
… ein stilles Wasser	… une eau plate
… ein Wasser mit Kohlensäure	… une eau gazeuse
… ein Glas Wein	… un verre de vin
Haben Sie …?	Avez-vous …?
Was kostet das?	Ça fait combien?
Ich hätte gerne eine Nummer größer.	J'aimerais avoir une taille plus grande.
Bekomme ich deine Nummer?	Tu me donnes ton numéro?
Willst du mit mir tanzen?	On va danser?
Wo finde ich …?	Où est …?
Ich möchte zahlen, bitte.	Je voudrais payer, s'il vous plaît.
Das habe ich nicht verstanden.	Je n'ai pas compris.
Küss mich!	Embrasse-moi!
Ich liebe dich!	Je t'aime!

GUIDE ME PARIS MEINE STADT IN 100 TIPPS

REISE-KNIGGE

UNBEDINGT VERMEIDEN!

Auf keinen Fall solltest du ...

... im Restaurant selbst einen Platz suchen. Da wird der Kellner böse! Warte am Eingang, bis er dir einen Tisch zuweist.

... achtlos den Zebrastreifen benutzen. Dieser wird von den Autofahrern meist nicht wirklich ernst genommen.

... aus Neugier die Banlieue besuchen. Hier herrscht hohe Kriminalität! Vermeide es deshalb, allein dort hinzugehen.

... pünktlich kommen. Die Franzosen erscheinen meist 15–30 Minuten später.

... kein Wort Französisch sprechen. Wer einfach auf Englisch oder Deutsch losplappert, erntet beleidigte Blicke.

... getrennt bezahlen. Dafür gibt's kein Verständnis! Entweder Summe ganz bezahlen oder durch Anzahl der Esser teilen.

... falsch küssen. Mon dieu! Man beginnt rechts und haucht dann den *bise* auf die Wange. In Paris 2x.

... denken, der Kunde sei König. Hier ist es eher anders herum! Also bei Bestellungen Gas geben und immer ein *s'il vous plaît* anhängen.

PARIS

Die Essenz von Paris: Im Zentrum liegen nicht nur einige der berühmtesten historischen Sehenswürdigkeiten, sondern auch viele der fantastischen Einkaufsstraßen, für die die französische Hauptstadt bekannt ist. Hier finden sich hippe Concept-Stores und edle Nobel-Boutiquen, kleine Nischenmuseen und der Louvre, Dönerläden und Spitzenrestaurants. Nicht umsonst heißt es in einem Chanson: „Il y a tout ce que vous voulez aux Champs-Élysées" – auf den Champs-Élysées gibt es alles, was Sie wollen …

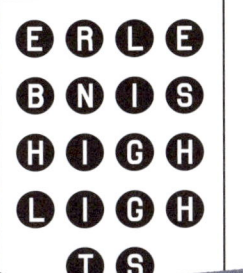

ZENTRUM MIT CHAMPS-ÉLYSÉES

> **FRÜHMORGENS ZUM ARC DE TRIOMPHE**
> **CHILLEN IM JARDIN ROYAL**
> **QUIETSCHBUNTE MACARONS**
> **SHOPPEN IN DER RUE DE RIVOLI**
> ....
> ....
> ....

Bonjour à Paris! Und hinein ins Getümmel!

ÜBERSICHTSPLAN ZENTRUM MIT CHAMPS-ÉLYSÉES

Zentrum

SEHENSWERTES

1. VOM ARC DE TRIOMPHE ZUR PLACE DE LA CONCORDE
★ GALERIE VIVIENNE
3. MUSÉE DU LOUVRE
4. PONT ALEXANDRE III
5. WE LOVE MACARONS
★ PETIT PALAIS
7. ÜBER DEN DÄCHERN VON PARIS

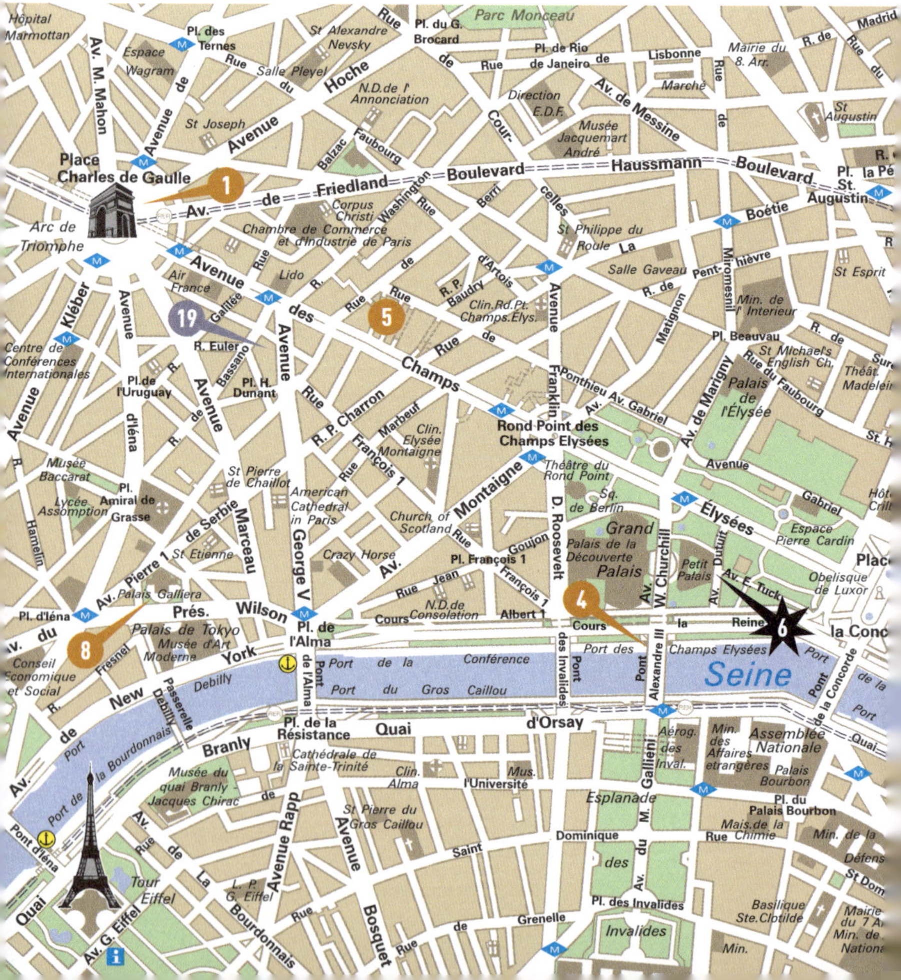

ZENTRUM MIT CHAMPS-ÉLYSÉES

- **8** MUSÉE GALLIERA
- **9** RUE DU FAUBOURG-SAINT-DENIS
- **10** PALAIS ROYAL & JARDIN ROYAL

PARKS
- **11** JARDIN DES TUILERIES

ESSEN & TRINKEN
- ★ LE GRAND COLBERT
- **13** DAROCO
- **14** MAISIE CAFÉ
- **15** ANGELINA
- **16** SHAKA POKE
- **17** L'ÉCLAIR DE GÉNIE
- **18** MABEL BAR
- **19** MISS KÔ

SHOPPING
- **20** TRIANGLE D'OR
- **21** WESTFIELD FORUM DES HALLES
- **22** RUE DE RIVOLI

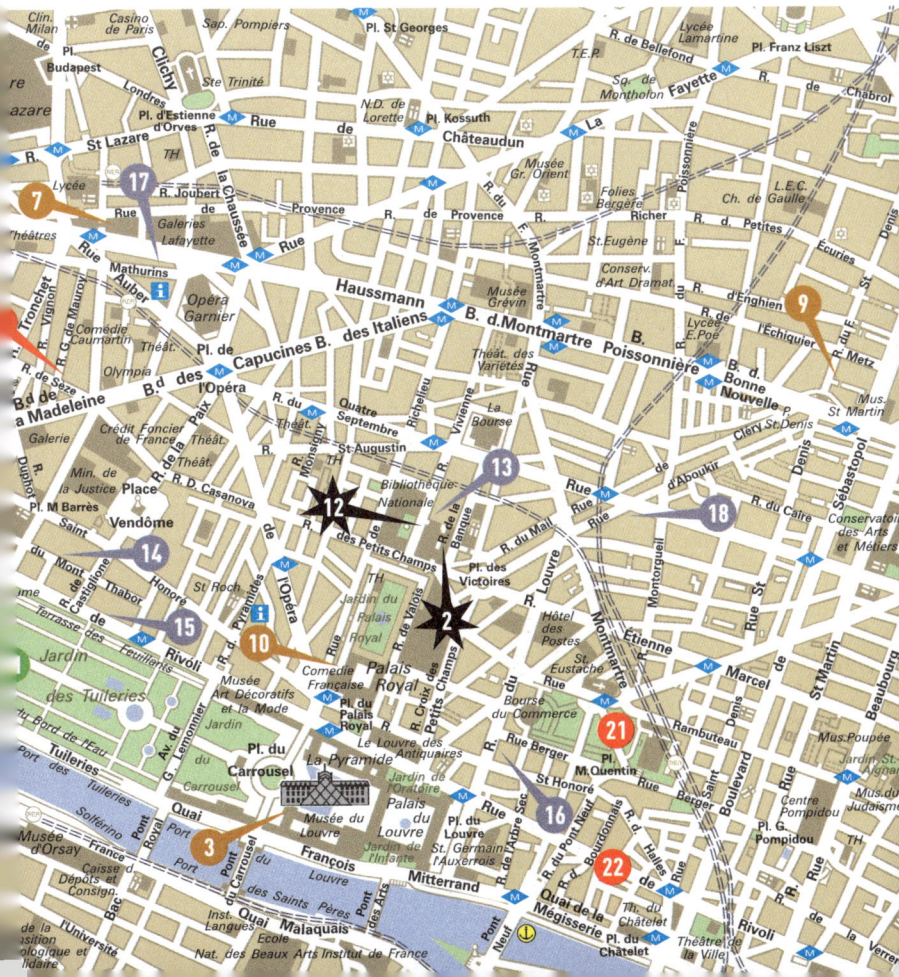

SEHENSWERTES

1. VOM ARC DE TRIOMPHE ZUR PLACE DE LA CONCORDE

Im ersten Licht des Tages wirkt der Triumphbogen besonders ehrfurchtgebietend: Dann wälzen sich noch keine Blechlawinen auf der vielspurigen Straße daran vorbei, und es wimmelt auch noch nicht von Touristen, die am Grabmal des unbekannten Soldaten unter dem Bogen entlangpilgern. Stattdessen kommt die monumentale Größe des von Napoleon in Auftrag gegebenen Wahrzeichens so richtig zur Geltung. Auch seine Verzierungen erscheinen noch plastischer, solange die Schatten tief sind. Fast scheint es, als wären die Figuren der Reliefs lebendig! **Wenn ich in Paris bin, quäle ich mich zumindest einmal früh aus dem Bett, um hierher zu kommen, denn zu kaum einer anderen Tageszeit ist die Stimmung hier so besonders.** Rauf zur Aussichts-

Dir ist hier einfach zu viel los? Dann besuche unbedingt den Triomphe du Carrousel beim Louvre für schöne Fotos!

FOTO TIPP

Dass der Triumphbogen in der Morgenstille ideal für Fotos aus ungewöhnlichen Perspektiven ist, wissen auch Modefotografen – zur Fashion Week trifft man sie hier häufig.

SEHENSWERTES ZENTRUM MIT CHAMPS-ÉLYSÉES

plattform, von der aus man einen phänomenalen Rundumblick hat, kommt man aber erst zu späterer Stunde. Dann ist auch die Multimedia-Ausstellung zugänglich. Übrigens: Wenn dir dein Leben lieb ist, versuchst du erst gar nicht, den Kreisverkehr um den Triumphbogen zu Fuß zu überqueren! Durch eine Unterführung kommst du sicherer hin.

Genug Geschichte? Dann auf zu den himmlischen Gefilden des Kommerzes auf der berühmtesten Straße der Stadt! Ein Bummel entlang der Avenue des Champs-Élysées ist einfach Pflicht, auch wenn dein Geldbeutel nicht dick genug ist, um in den Luxusläden zu shoppen. Ein sehenswertes Spektakel ist all das Gefunkel allemal. Apropos Spektakel: Ob Nationalfeiertag oder Tour de France – wenn Großereignisse stattfinden, ist die Prachtstraße definitiv der Place-to-be! Menschenmassen sind nicht dein Ding? Dann solltest du nicht am ersten Sonntag im Monat herkommen, denn dann ist die Straße für Autos gesperrt, sodass hier noch mehr Leute unterwegs sind.

Die Avenue des Champs-Élysées mündet dann in die Place de la Concorde. Auf dem größten Platz der Stadt wurden während der Französischen Revolution 1345 Menschen hingerichtet. Den Kopf verliert hier heute aber niemand mehr – auch wenn der 23 Meter hohe und über 3300 Jahre alte Obelisk von Luxor in der Mitte des Platzes echt faszinierend ist.

Place Charles de Gaulle (Ausgangspunkt) | Metro: RER A Charles de Gaulle-Étoile

Luftig, prachtvoll und charmant – die Ladenpassage eignet sich nicht nur zum Shoppen, sondern auch für ein ruhiges Fotoshooting.

Im süßen Bistrot Vivienne lässt es sich übrigens super bei einem Café verweilen.

2. GALERIE VIVIENNE

Paris steht für Eleganz wie keine andere Stadt. Und sie macht diesem Ruf alle Ehre, z.B. mit der Galerie Vivienne, einer überdachten Ladenpassage aus der ersten Hälfte des 19. Jahrhunderts. Über den wunderschönen neoklassizistischen Mosaikboden flaniert man automatisch ein bisschen aufrechter an den edlen Läden vorbei. Besonders romantisch ist das übrigens, wenn Regen auf das gläserne Dach pladdert. Dann kann man hier gemütlich eine *chocolat à l'ancienne* trinken und den Rest der Welt an sich vorbeiziehen lassen. **Wer abends hier ist, sollte unbedingt auch dem Danico, der lauschigen Bar im Hinterzimmer des Restaurants Daroco Bourse, einen Besuch abstatten.**

4 Rue des Petits-Champs | Metro: Bourse

SEHENSWERTES ZENTRUM MIT CHAMPS-ÉLYSÉES

BUCKET LIST
Galerie Vivienne

Klebe deinen schönsten Schnappschuss ein
oder erfinde ein neues Mosaik-Muster.

ZENTRUM MIT CHAMPS-ÉLYSÉES

3. MUSÉE DU LOUVRE & CAFÉ MARLY

Für den Louvre brauchst du auf jeden Fall einen Plan – zum Glück gibt's dafür praktische Apps! So kannst du dir eine Besuchsstrategie für das weitläufige Gebäude zurechtlegen, das einst eine königliche Residenz war und viele schöne Fotokulissen bietet. Jedes einzelne der etwa 35 000 Kunstwerke des Museums zu besichtigen würde nämlich Monate dauern. Das berühmteste Gemälde hier kann man aber kaum verfehlen: Der Weg zur Mona Lisa (franz. La Joconde) ist überall ausgeschildert. Keine Lust auf die Warteschlangen am Eingang? Auch die ikonische Glaspyramide vor all den prachtvollen Gebäuden gibt ein super Fotomotiv ab. Mein Tipp: Setze dich genau vor die Spitze der Pyramide und fotografiere leicht von unten. **Ein Schnappschuss von der weitläufigen Place du Carrousel zwischen den Gebäuden des Louvre gehört aber auch dazu, finde ich.** Für ein ungewöhnliches Motiv bin ich hier sogar schon an einem Laternenpfahl hochgeklettert. Zur Belustigung der umstehenden Passanten natürlich :)

34 Quai du Louvre | Metro: Palais Royal-Musée du Louvre

FOTO TIPP

Vom Café Marly im Innenhof aus kriegst du die Louvre-Pyramide super als Hintergrund für ein echt französisches Frühstück aufs Bild. Wenn nur die saftigen Preise für einen Tee hier nicht wären ...

Edles Ambiente für ein Foto: Bronze, Gold und Marmor, im Hintergrund der Eiffelturm

ZENTRUM MIT CHAMPS-ÉLYSÉES

4. PONT ALEXANDRE III

Zwischen Grand Palais und der Esplanade des Invalides spannt sich eine der schönsten Brücken von Paris über die Seine: der prunkvoll gestaltete Pont Alexandre III, der von vier goldverzierten Pylonen mit großen Bronzefiguren begrenzt wird. Seine Form verdankt er zwei Anforderungen: Einerseits sollte er so hoch sein, dass Schiffe problemlos unter ihm hindurchfahren können, andererseits durfte er aber den Blick auf den Invalidendom nicht versperren. Beidem gerecht werden konnte nur eine stählerne Bogenbrückenkonstruktion – die aber der Optik wegen hinter Dekoelementen versteckt wurde, die zur Bauzeit Ende des 19. Jahrhunderts gerade en vogue waren. **Diese prunkvolle Brücke mit Blick auf den Eiffelturm eignet sich perfekt als Foto-Spot. Vor allem der Aufgang zur Brücke am Ufer der Seine ist besonders fotogen. Eine schöne Perspektive ergibt sich auch unten an den Brückenpfeilern, wenn du dich so hinstellst, dass an der Brücke entlang Richtung Eiffelturm fotografiert werden kann.** Klar, dass dieses Foto auch viele andere schießen wollen! Du brauchst also ein bisschen Glück, um einen ruhigen Moment zu erwischen. Herrlich romantisch ist die Brücke in der Abenddämmerung, wenn die (unechten) Gaslaternen ihr warmes Licht verströmen.

Metro: RER C Invalides

Macarons als Mitbringsel? brauchst du auf jeden Fall eine ordentliche Portion Selbstdisziplin!

5. WE LOVE MACARONS

Ganz glatt fühlt sich die kleine Köstlichkeit auf den Lippen und der Zunge an. Mit einem sanften, kaum wahrnehmbaren Knacken bricht die hauchdünne Kruste. So zart und süß wie ein Kuss! Und dann erst die Füllung! Ob auf Basis von Buttercreme, Konfitüre oder schokoladig mit Ganache – in Paris findet jeder seine Lieblingssorte der oft quietschbunt eingefärbten Macarons. Ein Muss bei jedem Paris-Besuch ist eine Kostprobe bei einem der berühmten Lokalmatadoren in Sachen Macarons, etwa bei Ladurée, Pierre Hermé oder Dalloyau. In den Auslagen des Traditionsgeschäfts **Ladurée** stapeln sich nicht nur die üblichen Sorten, sondern auch saisonale Spezialitäten, z. B. mit Veilchenaroma. Das ist auch was fürs Auge (und für Instagram)! **Pierre Hermé**, so heißt es, habe das „caramel au beurre salé", das Salzkaramell-Macaron, erfunden. Und beim ehemaligen Hoflieferanten **Dalloyau** verköstigte sich angeblich schon Ludwig XIV. mit der süßen Verführung.

> **TIPP**
> Übrigens kannst du dich auch selbst in die hohe Kunst der Macaron-Herstellung einweihen lassen. In den Galeries Lafayette finden Backkurse statt, die von einem Konditor geleitet werden. Einfach anmelden und mitmachen!

Ladurée & Pierre Hermé: z. B. Avenue des Champs-Élysées | Metro: George V

Dalloyau: z. B. 101 Rue du Faubourg Saint-Honoré | Metro: Saint-Philippe-du-Roule

6. PETIT PALAIS & CAFÉ LE JARDIN

Das Gebäude des Petit Palais mit seiner Neo-Rokoko-Fassade, das als Ausstellungsraum für die Weltausstellung von 1900 errichtet wurde, ist ein echtes architektonisches Schmuckstück und wahrscheinlich der Secret Tipp der Fotolocations in Paris. Heute ist hier das Städtische Museum der schönen Künste untergebracht – und schön sind auch die Räumlichkeiten, in denen die Werke von Rembrandt und Co. hängen. Filigraner Stuck und herrliche Fresken zieren die Decken. Im grünen Innenhof befindet sich zudem das wirklich bezaubernde Café le Jardin. Hier kannst du lauschig zwischen Marmorsäulen und Palmen sitzen, in den Garten schauen und dir ein Tässchen Tee gönnen. Die Croissants sind übrigens auch ganz frisch und super knusprig!

Avenue Winston-Churchill | Metro: Champs-Élysées-Clemenceau

> *Gold steht dir gut? Dann solltest du dich unbedingt auf der Treppe vor dem vergol Eingangstor des Petit Palais in Szene set besten wirken Fotos von unten, denn so du den ganzen Bau aufs Bild.*

FOTO TIPP

SEHENSWERTES ZENTRUM MIT CHAMPS-ÉLYSÉES

BUCKET LIST
Petit Palais

Inszeniere dich vor dem tollen Portal oder im verwunschenen Innenhof und kleb' das Bild hier ein.

Ich am Petit Palais

Im benachbarten und berühmten „Le Printemps Haussmann" kann man ebenfalls Luxus-Shoppen und auch hier lädt die frei zugängliche Dachterrasse zum Verweilen ein. Zu den hausinternen Luxusrestaurants gehört übrigens das Ladurée mit seinen leckeren Macarons!

7. ÜBER DEN DÄCHERN VON PARIS

Wenn es in Paris an einem nicht mangelt, dann an tollen Ausblicken. Die Stadt von oben zu betrachten hat auch wirklich seinen Reiz: Weit schweift der Blick über die prächtigen leuchtend hellen Gebäude und die ikonischen Wahrzeichen. Und nur von oben erfasst man ungefähr wie groß die Megacity eigentlich ist

Nach der Shoppingtour auf die Dachterrasse! Ein kleines Restaurant gibt's hier übrigens auch.

TIPP

EU-Bürger unter 26 kommen gratis auf die Aussichtsplattform des Triumphbogens. Alle anderen dürfen am ersten Sonntag im Monat kostenlos hinauf und über die Dächer der Stadt gucken.

LOW $ BUDGET

Leider muss man für einen Panoramablick oft ordentlich Geld hinlegen. Eine Ausnahme gibt es aber glücklicherweise, auch wenn sie längst kein Geheimtipp mehr ist: Wer sich durch die Galeries Lafayette gestaunt hat und all den luxuriösen Verlockungen des großen Kaufhauses mit der wunderschönen Belle-Époque-Kuppel widerstehen konnte, kann Paris von der Dachterrasse aus bewundern. Dazu einfach bis zum sechsten Stock hinauffahren und dann noch ein paar Treppen hochsteigen! Man hat den perfekten Blick auf die Opéra Garnier und den Eiffelturm. Ein paar Plastikstühle stehen hier auch. Super, um sich ein paar Minuten vom Getümmel der Stadt zu erholen und sich die Sonne ins Gesicht scheinen zu lassen!

Galeries Lafayette: 40 Boulevard Haussmann | Metro: Havre-Caumartin

8. MUSÉE GALLIERA

Ein Must-see für Fashion-Fans! In dem ikonischen Modemuseum werden um die 100 000 Kleidungsstücke und Accessoires aufbewahrt. Du willst wissen, was im Paris des 18. Jahrhunderts trendy war? Was den einzigartig eleganten Stil ausmacht, für den die Pariserinnen weltbekannt sind? Dann kannst du dich hier – auch anhand von alten Fotos und Grafiken – auf die Suche nach Antworten machen. Achtung: Der Anblick all der wunderschönen üppigen Kleider, mit Stickereien verzierten Taschen, zarten Handschuhe und bunten Stoffe macht Lust auf einen Einkaufsbummel, bei dem nicht nur die x-te Skinny-Jeans, sondern vielleicht auch mal etwas Extravaganteres in der Tüte landet … Was im Museum gezeigt wird, wechselt regelmäßig; Sonderausstellungen sind z. B. Jeanne Lanvin oder Coco Chanel gewidmet. Auch das Gebäude ist hübsch und steht in einem wunderschönen Garten.

10 Avenue Pierre 1er de Serbie | Metro: Iéna

9. RUE DU FAUBOURG-SAINT-DENIS

Dieser Hot Spot der Pariser Gentrifizierung ist nicht gefällig, nicht herausgeputzt. Dafür tobt hier das pralle Leben, tagsüber wie auch nachts: Du spazierst an indischen Schnellimbissen vorbei, weichst betrunkenen Nachtschwärmern aus, bekommst Flyer zu Strip-Shows in die Hand gedrückt. Dann brüllt dir der pakistanische Gemüsehändler zwischen stapelweise Gemüse hervor ins Ohr: Er hat natürlich die frischeste Ware! Ob die beiden tratschenden senegalesischen Omis wohl auch dieser Meinung sind? Die Straße in all ihrer Multikulti-Authentizität fordert jedenfalls alle Sinne heraus. Lässt dich an einer Stelle noch durchdringender Uringestank die Nase rümpfen, bleibst du ein paar Meter weiter schon wieder stehen, um den verführerischen Duft aus dem nächsten fancy Bio-Burger-Restaurant einzusaugen. Kein Wunder, dass hier zwischen Dönerbuden, Gemüsehändlern und Tauben einige Hipster flanieren. Apropos Essen: **Die traditionell über Kohle gegrillten Lammspieße des kurdischen Imbisses Urfa Dürüm sind einfach perfekt – mit frischem Fladenbrot, Koriander, Zitrone und Salat serviert ideal, wenn mittags der große Hunger kommt. Vegetarisches gibt's ebenfalls.**

Urfa Dürüm: 10 Rue du Faubourg-Saint-Denis | Metro: Strasbourg-Saint-Denis

Rund um die Rue du Faubourg-Saint-Denis gibt's eine Menge angesagte Bistros, Clubs und Bars.

Der Innenhof des Palais Royal zählt wohl zu den beliebtesten Fotomotiven Paris', aber auch im schönen Garten mit den üppigen Rosenbeeten lassen sich tolle Fotos machen!

Im stylischen Café Kitsuné schmeckt der Café fantastisch und die Speisen sind wie das Interieur super fotogen!

10. PALAIS ROYAL & JARDIN ROYAL

Vom Stadtgetümmel überwältigt? Dann bietet sich ein Päuschen in einer grünen Oase an: im Garten des Palais Royal. Hier spazierst du unter Schatten spendenden Linden herum, kannst auf einer Bank zwischen Buchsbaumhecken die Sonne genießen und die akribisch angelegten und wunderbar gepflegten Rosenrabatten bewundern. Wer moderne Kunst mag, sollte beim Ehrenhof des Palais Royal vorbeischauen. Zwischen den ehrwürdigen Säulen des Gebäudes stehen die markant gestreiften, verschieden hohen Säulenstümpfe des Werks „Les Deux Plateaux" von Daniel Buren. Toll für ausgiebige Fotoshootings! Denn auch wenn sich hier oft viele Menschen tummeln, ist der Spot recht geräumig, sodass man im richtigen Winkel tolle Fotos schießen kann. Der im klassizistischen Stil erbaute Stadtpalast selbst ist nicht öffentlich zugänglich; hier haben heute der Staatsrat, der Verfassungsrat und das Kulturministerium ihren Sitz. Doch die etwa 60 Häuser und Arkaden, die seinen Garten umgeben, haben mit einer Menge eleganter Läden und Geschäfte ihren eigenen Reiz: Das neuste Parfum von Serge Lutens? Kein Problem, hier gibt es einen Store. Und auch wenn die Schuhe bei Louboutin für eine City-Tour eher ungeeignet sind, kann man die Schmuckstücke eine Weile anschmachten… Übrigens war die ganze Anlage auch früher schon vor allem dem Genuss gewidmet, denn bereits im 18. Jahrhundert waren hier hauptsächlich Gastronomie und Vergnügungseinrichtungen – auch Freudenhäuser – ansässig.

Apropos Gastronomie: **Urban und doch gemütlich kommt das Café Kitsuné daher, das sich ebenfalls in den Arkaden versteckt. Lust auf einen frisch gepressten Saft oder einen sanft-cremigen Kaffee?**

Place du Palais Royal | Metro: Palais Royal-Musée du Louvre

PARKS

11. JARDIN DES TUILERIES

Zwischen der Place de la Concorde und dem Louvre erstreckt sich der Jardin des Tuileries, ein herrlicher Park im französischen Stil. Er ist mit Skulpturen, Brunnen und Sitzgelegenheiten gesprenkelt und damit eine grüne Wohltat zwischen all der Kunst und Kultur. Hier kann man ein bisschen abhängen – Sonnenbrille nicht vergessen, denn die Wege zwischen den Laubengängen und Beeten sind blendend hell gekiest! **Im Frühjahr ist hier ein besonderes Schauspiel zu bestaunen: Die hiesigen Kirschbäume blühen fantastisch und verwandeln sich in flaumige rosa Wolken.** Unbedingt die Kamera bereithalten! Und wer zwischen Juni und August kommt, erlebt die Fête des Tuileries mit, einen großen Jahrmarkt. Dann liegt der Duft von Popcorn und Zuckerwatte über der Anlage, und vom Riesenrad aus hat man einen atemberaubenden Blick über ganz Paris.

Edel einkehren – ob auf einen Sundowner oder eine Portion Pasta mit Trüffeln – kann man übrigens im Loulou direkt im Park. Hier soll schon Beyoncé diniert haben – dementsprechend sind die Preise.

Metro: Tuileries

Tipp: Sobald der Herbst die Blätter der Bäume golden färbt, ergeben sich wundervolle Shoots, wenn man die Al Richtung Louvre runterfotografiert.

PARKS ZENTRUM MIT CHAMPS-ÉLYSÉES

@nastasia.life im
Jardin du Plantes (S. 81)

Auch die eine oder andere Celebrity trifft man beim Abendessen im Grand Colbert (besonders während der Fashion-Week!).

ESSEN & TRINKEN

12. LE GRAND COLBERT

Typischer geht's kaum: Das Le Grand Colbert ist wahrscheinlich *die* Pariser Brasserie schlechthin. Kugellampen, Spiegel, Stuck, gestärkte weiße Tischtücher und blitzende Gläser erzeugen ein superedles Ambiente, der höfliche Service rundet das Belle-Époque-Erlebnis ab. Kein Wunder, dass das Restaurant schon als Filmkulisse gedient hat! In *Was das Herz begehrt* mit Jack Nicholson, Diane Keaton und Keanu Reeves feiern die Protagonisten hier Geburtstag.

Auf den Tisch kommt klassische französische Küche: Austern, Fisch, Pfeffersteak, Kalbsleber, Foie gras und Gratin. Sogar Froschschenkel sind zu haben – wer's mag … Von den Portionen wird man gut satt, und das ist fast schade, denn die Desserts sind definitiv eine Sünde wert.

4 Rue Vivienne | Metro: Bourse | www.legrand colbert.fr | @legrandcolbert

13. DAROCO

Mamma mia! Im Daroco ist nicht nur das italienische Essen fantastisch, auch die Location macht was her. Das Lokal ist in den ehemaligen Räumen eines Jean-Paul-Gaultier-Stores untergebracht – vielleicht tragen die Service-Leute ja deshalb gestreifte Shirts? – und richtig schick: Im unteren Stockwerk dominieren raue Backsteinwände und petrolfarbene Samtbänke, im oberen Glas. Alles sehr Insta-tauglich! In der Küche bereiten die Stargastronomen Alexandre Giesbert und Julien Ross Pizza (Tipp: Die

ESSEN & TRINKEN ZENTRUM MIT CHAMPS-ÉLYSÉES

BUCKET LIST
Le Grand Colbert

Probiere hier doch mal stilecht eine Auster und beschreibe, wie sie schmeckt und wie die Konsistenz ist.

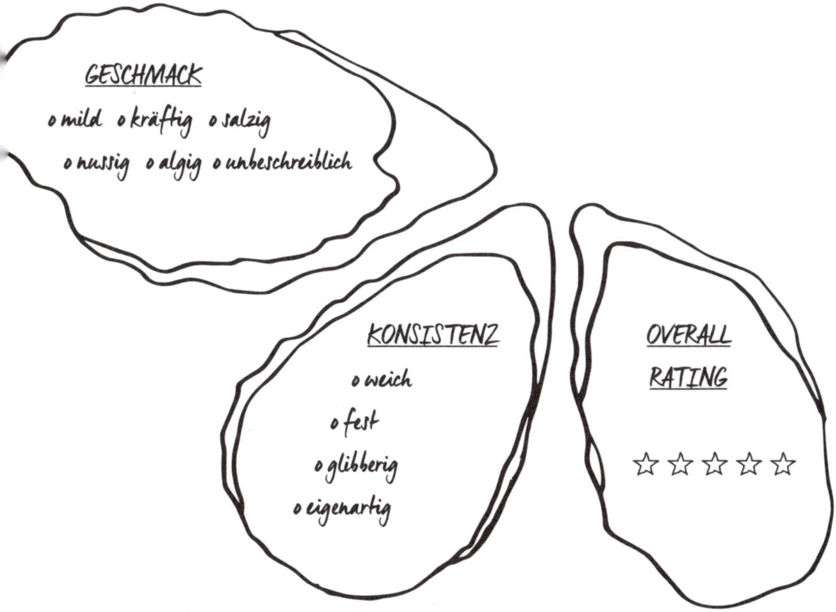

GESCHMACK
- mild
- kräftig
- salzig
- nussig
- algig
- unbeschreiblich

KONSISTENZ
- weich
- fest
- glibberig
- eigenartig

OVERALL RATING

☆ ☆ ☆ ☆ ☆

Margherita ist ein Traum!) Pasta und Spezialitäten wie gegrillten Oktopus mit Majoran, Ricotta und Melone zu. Eine Portion Schoko-Mousse oder Tiramisu mit hausgebackenen Keksen katapultiert Leckermäuler in den Genießer-Himmel. Wer danach noch einen Absacker braucht, wechselt hinüber in die zugehörige Bar Danico.

6 Rue Vivienne | Metro: Bourse | www.daroco.fr | @daroco_paris

14. MAISIE CAFÉ

Veganer und Vegetarier aufgepasst! Dieses Café ist euer Schlemmertempel: All die Leckereien, die hinter Glas in der Auslage liegen, sind perfekt für euch, vegan und glutenfrei. Da weiß man gar nicht, was man zuerst bestellen soll. Avocado-Toast? Das hausgemachte Porridge? Die megagesunde Açai-Bowl und einen frisch gepressten Saft? Oder doch den yummie Schokokuchen und einen Cappuccino? **Der Laden mag klein sein, ist aber einer meiner absoluten Favoriten in der Nähe der großen Pariser Sehenswürdigkeiten – und kommt auch gut auf Instagram.** Wer danach noch in den Louvre will, sollte gleich noch ein paar Energiebällchen für den Weg mitnehmen.

32 Rue du Mont-Thabor | Metro: Concorde | www.maisiecafe.com | @maisiecafe

15. ANGELINA

Ein Café mit Tradition – und sooo schön! 1903 wurde es von einem österreichischen k.u.k.-Hoflieferanten eröffnet, die Pracht ist bis heute erhalten geblieben. Hier treffen sich alle – die bessere Gesellschaft, Studenten, Touristen … Wer zum ersten Mal da ist: unbedingt die heiße Schokolade probieren, die so dickflüssig ist, dass man sie auch für einen Pudding halten könnte. Es gibt sie auch zum Mitnehmen – günstig ist sie aber nicht gerade.

226 Rue de Rivoli | Metro: Tuileries | www.angelina-paris.fr | @angelina_paris

16. SHAKA POKE

Wo Poke draufsteht, ist auch Poke drin: Der ursprünglich aus Hawaii stammende Salat mit Fischstücken hat sich mittlerweile zum absoluten Foodie-Trend gemausert. Im modernen, hellen Industrie-Ambiente des Shaka Poke kriegst du die besten, kreativsten Poke-Bowls der Stadt. **Meine Lieblingsvariante ist die Shaka Poke Bowl mit Quinoa, Avocado und Lachs!** Aber auch vegetarische und sogar süße Versionen stehen auf der Speisekarte. Du findest trotzdem nicht das Richtige? Dann stell dir doch selbst eine Bowl zusammen, ganz nach deinem Geschmack! Alle Zutaten sind superfrisch und gesund, Fleisch und Fisch sind perfekt zubereitet. Es gibt mehrere Filialen in der Stadt.

34 Rue du Louvre | Metro: Louvre-Rivoli | www.shakapoke.com | @shaka_poke

17. L'ÉCLAIR DE GÉNIE

Nein, ein Éclair ist nicht einfach nur ein besserer Windbeutel! Zwar bestehen beide Gebäcksorten aus luftig-buttrigem Brandteig, doch in Bezug auf die länglichen, kolbenför-

Qual der Wahl im Shaka Poke – welche der superleckeren Bowls soll es sein?

migen „Liebesknochen" haben es die Franzosen zu wahrer Meisterschaft gebracht. Längst sind die Zeiten passé, in denen Éclairs schlicht mit Sahne, Schokocreme oder Pudding gefüllt waren. Heute kommen sie viel fantasievoller daher: mit Pistazie, Karamell, Erdbeeren, Feigen oder auch Marshmallows. Der kreative Kopf der Manufaktur L'Éclair de Genie, Christophe Adam, kreiert echte kleine Kunstwerke – wären sie nicht so lecker, wären sie fast zu schön zum Essen. **Meine Favoriten sind die Sorten Chocolat Grand Cru und Barlette Fraise. Und deine?**

35 Boulevard Haussmann |Metro: Havre-Caumartin | www.leclairdegenie.com | @christopheadam

18. MABEL BAR

Achtung, Flachwitz: Hier kann man ein bisschen R(r)umprobieren! Denn in dieser urigen Bar mit dem langen

Sushi im Miss Kô

Tresen und dem von Orange- und Brauntönen geprägten Retro-Ambiente dreht sich alles um dieses Getränk. Über 100 Sorten aus 35 Ländern sind vorrätig, sodass hier jeder seinen Lieblingsdrink küren kann. Als solide Grundlage fürs Hochprozentige werden mit Käse überbackene Sandwiches serviert. Weiß man ja schließlich, dass das die klassische Speise der Seeräuber war, bevor sie zur Buddel Rum griffen … Jedenfalls hält man es hier gut einen Abend voller Seemannsgarn lang aus.

58 Rue d'Aboukir | Metro: Sentier | www.mabel-bar.fr | @mabel_cocktailbar

19. MISS KÔ

Date-Night? Es darf etwas Besonderes sein, und die Preise sind nebensächlich? Dann ist das Miss Kô deine Location! Der Laden ist schick und originell eingerichtet: Der asiatische Touch ist unverkennbar (die Schirme!), aber topmodern umgesetzt. Kein Wunder, war doch der französische Designer Philippe Starck dafür verantwortlich! Bei gedämpfter Beleuchtung genießt du hier fantastisches Asia-Food, von Teriyaki bis Mochi. **Mein Tipp: Das Sushi ist der Hammer.** Je später der Abend, desto lässiger wird auch die Stimmung, und das Restaurant verwandelt sich in eine angesagte Bar mit Lounge-Musik. Und dann geht es hier hoch her …

49–51 Avenue George V | Metro: George V | www.miss-ko.com | @misskorestaurant

SHOPPING

20. TRIANGLE D'OR

Paris steht für Luxus. Wenn du den in seiner Reinform sehen willst, stattest du am besten dem Triangle d'Or zwischen der Avenue des Champs-Élysées, der Avenue Montaigne und der Avenue George V einen Besuch ab. Hier finden sich die Stores von Chanel, Armani, Dior, Givenchy und ähnlichen Edel-Designern. Auch wenn dein Konto enthemmtes Shopping-Vergnügen nicht hergeben sollte, macht es Spaß, hier ein bisschen zu träumen und sich unter die Mitglieder der Hautevolee zu mischen. Und keine Sorge: Du wirst angesichts der Preise nicht in Ohnmacht fallen – rücksichtsvollerweise wird hier nämlich auf Preisschilder verzichtet.

6 Rue Godot de Mauroy | Metro: Madeleine, RER A Auber

Zwischen all den teuren Marken und luxuriösen Geschäften lässt sich neben Window-Shopping natürlich auch ein Fahion-Fotoshoot einlegen.

FOTO TIPP

Schlechtes Wetter und keine Lust auf Museen? Wie wär's mit Shopping im Westfield Forum des Halles?

21. WESTFIELD FORUM DES HALLES

Wo einst das einfache Volk auf Märkten und in unterirdischen Markthallen, im „Bauch von Paris", Dinge des täglichen Bedarfs kaufte, befindet sich heute ein großes Einkaufszentrum. Unter einem Kastendach aus Kupfer und mehr als 18 000 Glasplatten kann man hier in über 100 Geschäften, die sich auf vier Stockwerke verteilen, shoppen, sich zwischendurch in einem der Lokale stärken und sogar diverse Freizeitangebote (Hallenbad, Kulturzentrum) nutzen. Man kann den ganzen Tag hier verbringen, denn es gibt sogar ein Kino! Eröffnet wurde das Zentrum 2016. Es ist super erreich-

Einen Katzensprung von Notre-Dame entfernt ist das BHV Marais ein Top-Shopping-Ziel.

22. RUE DE RIVOLI

Wenn du genug hast vom Luxus der französischen Hauptstadt, aber noch ein bisschen Geld ausgeben willst, bist du in der Rue de Rivoli richtig. Hier, zwischen Louvre und dem Hôtel de Ville, liegen jede Menge internationale Stores aller Art, von H&M bis Sephora. Aber auch Kaufhäuser finden sich in der Gegend, etwa Etam oder das BHV Marais. Die Preise sind deutlich normaler als in anderen Einkaufsstraßen. **Neben meinen absoluten Lieblingsshops Zara, Bershka und Pull & Bear statte ich gern den Geschäften Oysho und Promod einen Besuch ab.** Bei Histoire d'Or gibt es Schmuck, bei André Schuhe – was will man mehr? Und wenn du eine Pause brauchst, sind das Seine-Ufer und diverse Cafés nicht weit.

55 Rue de Rivoli | Metro: Louvre-Rivoli

bar; die Metro hält direkt darunter. Rund um das Gebäude herum ist eine schöne Grünanlage entstanden – wie wäre es also nach dem Powershopping mit einer Partie Gartenschach zum Runterkommen?

101 Porte Berger | Metro: Les Halles

PARIS
Westen

Hier ragt DAS Wahrzeichen von Paris gen Himmel – der Eiffelturm. Kein Wunder, dass die Stahlkonstruktion auch DER Foto-Spot ist. Hinauf solltest du natürlich auch – der Blick über die Stadt ist einfach umwerfend. Drumherum kannst du an der Seine und in zahllosen Grünanlagen chillen, in hübschen Straßen shoppen und dich – auf die Hand oder à la table – typisch französischen Gaumenfreuden hingeben.

ERLEBNIS HIGHLIGHTS

WESTEN MIT EIFFELTURM

> **SHOPPEN IN DER RUE DU COMMERCE**
> **SCHNURGERADE INSEL MIT FREIHEITSSTATUE**
> **ABSTECHER ZUM SONNENKÖNIG**
> **FOTOGENE HAUSSMANN-ARCHITEKTUR**
> ....
> ....
> ....

Turm-Perspektiven, Entspannung, dazu: Versailles!

ÜBERSICHTSPLAN WESTEN MIT EIFFELTURM

Westen mit Eiffelturm

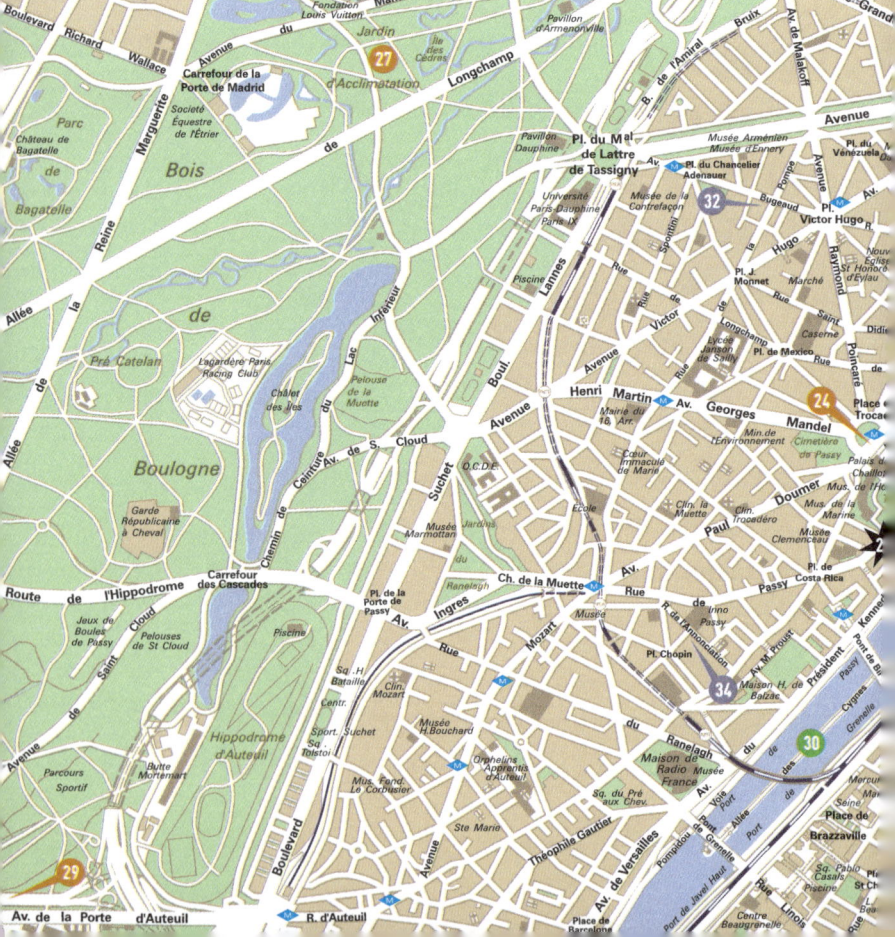

WESTEN MIT EIFFELTURM

SEHENSWERTES
- ㉓ EIFFELTURM
- ㉔ TROCADÉRO & CAROUSEL PLACE DE VARSOVIE
- ㉕ DIE SCHÖNSTEN EIFFELTURM-FOTO-SPOTS
- ㉖ BOOTSFAHRT AUF DER SEINE
- ㉗ BOIS DE BOULOGNE MIT JARDIN D'ACCLIMATATION
- ㉘ RUE DE L'UNIVERSITÉ & L'HOWEA
- ㉙ SCHLOSS VERSAILLES

PARKS
- ㉚ ÎLE AUX CYGNES

ESSEN & TRINKEN
- ㉛ LE P'TIT TROQUET
- ㉜ BÔL-POKE FACTORY
- ㉝ AU PIED DU FOUET
- ㉞ AUX MERVEILLEUX FRED

SHOPPING
- ㉟ RUE DU COMMERCE

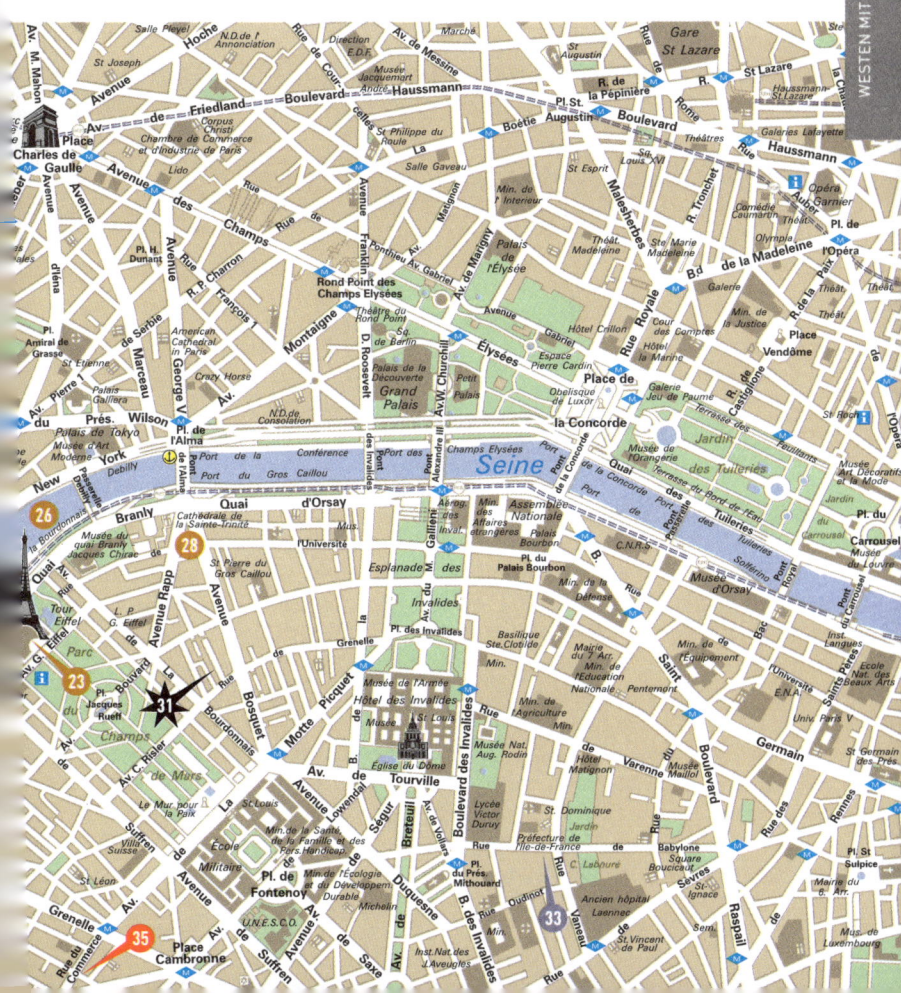

Die besten Eiffelturm-Foto-Spots verrate ich dir auf den folgenden Seiten!

Sobald es dunkel wird, erleuchten 300 Scheinwerfer den Eiffelturm und zu jeder vollen Stunde lassen 20 000 Glühbirnen ihn für fünf Minuten romantisch glitzern.

SEHENSWERTES

23. EIFFELTURM

Na klar, der Eiffelturm ist ein absolutes Muss. Im Nordwesten des Marsfelds ragt er in den Himmel – das bekannteste Wahrzeichen der Stadt, eine der größten Touristenattraktionen weltweit. 324 m hoch ist der gigantische Turm aus Eisenfachwerk – du musst einfach mal davor gestanden haben! Wer hinauf will – bei guter Sicht lohnt sich das auf jeden Fall – hat zwei Möglichkeiten: zu Fuß über die Treppen (1665 Stufen!) oder mit dem Aufzug. Allerdings musst du mit Wartezeiten rechnen, und die können ganz schön lang sein.

Eigentlich sollte der zur Weltausstellung und dem 100-jährigen Jubiläum der Französischen Revolution im Jahr 1889 innerhalb von zwei Jahren errichtete Turm 20 Jahre später wieder abgebaut werden – Anwohner sorgten sich, dass er einstürzen könnte, kaum jemand hatte Sinn für die moderne Ästhetik. Doch dann rettete ihn der technische Fortschritt: Die hohe Eisenkonstruktion über der

WESTEN MIT EIFFELTURM

> **TIPP**
> Ganz in der Nähe im Supermarché Franprix (34 Avenue de Suffren) Snacks wie Baguette, Wein usw. kaufen und dann in den Parkanlagen ein schönes Picknick genießen.

PICKNICK-SPOT

flachen Stadt erwies sich als perfekter Antennenstandort, zunächst für den Rundfunk und später fürs Fernsehen – so profitierte ganz Paris von dem ungeliebten Riesen.

Wenn du eine spektakuläre Aussicht auf Paris inklusive seines höchsten Bauwerks genießen möchtest, dann fahr mit dem Aufzug in 38 Sekunden auf das zweithöchste Gebäude der Stadt, den Tour Montparnasse direkt am Bahnhof Montparnasse. Die 56. Etage (mit Restaurant) ist öffentlich zugänglich, vom Dach aus (59. Etage) genießt du einen tollen Rundum-Blick.

Egal, ob vom Eiffelturm oder dem Tour Montparnasse: Am schönsten ist die Szenerie bei Einsetzen der Dämmerung, wenn nach und nach die Lichter der Stadt erstrahlen …

Av. Gustave Eiffel | Station: Champ de Mars – Tour Eiffel

Place de Varsovie

Komm unbedingt auch mal abends zur Place du Trocadéro, wenn der Platz jede Menge Romantik ausstrahlt und sich die Menschen zum Tango-Tanzen treffen.

24. TROCADÉRO & CAROUSEL PLACE DE VARSOVIE

Auf den Fundamenten der Seitenflügel des einstigen Palais du Trocadéro, eines monumentalen Ausstellungspalasts, erheben sich heute die Flügel des Palais de Chaillot, das mehrere Museen und ein Theater beherbergt. Der Freiraum dazwischen, die Place du Trocadéro auf dem Hügel von Chaillot, ist wohl einer der bekanntesten Standorte für Fotos vom Eiffelturm auf der anderen Seine-Seite. Frühmorgens, wenn der elegante Platz noch menschenleer ist, kannst du hier wirklich coole Fotos schießen. Am besten natürlich bei Sonnenaufgang – dann ist das Licht einfach fantastisch! Von der Place du Trocadéro geht's anschließend ganz bequem auf imposanten Treppen über mehrere Terrassen durch den fast 100 000 Quadratmeter großen Jardin du Trocadéro abwärts in Richtung Seine. An seiner zentralen Terrasse sorgen die 20 Wasserkanonen der Fontaine de Varsovie für ein grandioses Schauspiel mit 56 einzelnen Fontänen.

Die gesamte Anlage bietet jede Menge attraktive Eiffelturm- und andere Foto-Perspektiven. Das setzt sich fort bis zur Place de Varsovie. **Das historische Karussell dort ist bei Klein & Groß beliebt und ebenfalls super als Foto-Location geeignet.**

19 Port Debilly | Metro: Trocadéro

Mein absoluter Lieblings-Spot in Paris! Tolle Aussicht auf den Eiffelturm, der Spot liegt an einer Nebenstraße und ist deshalb sehr ruhig. Der schöne „Balkon" lässt auch breite Fotoperspektiven zu und man kann sich auf der Brüstung gut in Szene setzen.

L'avenue de Camoëns

25. DIE SCHÖNSTEN EIFFELTURM-FOTO-SPOTS

L'AVENUE DE CAMOËNS

Mit genau 115 Metern Länge ist dieses hübsche Sträßchen mit wunderschönen Gebäuden vom Anfang des 20. Jahrhunderts die vielleicht kürzeste Avenue von ganz Paris. Das Besondere: Sie läuft direkt auf den Eiffelturm zu! Zwar liegt sie nur einen Katzensprung (etwas südwestlich) vom Trocadéro entfernt, vom dortigen Touristentrubel ist hier aber praktisch nichts zu spüren. In dieser schmalen Straße kannst du den Pariser Alltag einfangen – und das Wahrzeichen der Stadt gleich mit. Am besten läufst du das Sträßchen einmal in Richtung Eiffelturm ab – es endet an einer schönen alten Treppe, die nochmals schöne Perspektiven auf den Turm bietet.

RUE SAINT DOMINIQUE

Diese Einkaufsstraße, eine der besten hier, bietet eine perfekte Fotoperspektive auf den Eiffelturm. Du läufst einfach die Straße entlang, bis beim typischen Pariser Café Au Canon des Invalides (Nr. 71) zwischen den Häuserreihen plötzlich der Eiffelturm in seiner ganzen Pracht sichtbar wird. Wenn du hier das Flair der Metropole inszenieren möchtest, posiere mit Baguette oder Croissant für das Foto. Vielleicht lässt du dich auch beim Überqueren des Zebrastreifens ablichten. Anschließend kannst du in den Boutiquen und Läden hier noch super shoppen.

SQUARE RAPP

Auch dies ist eine Location, bei der sich ganz unerwartet eine außergewöhnliche Perspektive auf den Eiffelturm öffnet. Vielleicht musst du ein bisschen rumprobieren, aber du kannst den Eiffelturm hier in voller Größe wunderschön eingerahmt von historischen Gebäuden ablichten. Und weil hier nicht viel los ist, hast du alle Zeit der Welt, um das perfekte Foto zu schießen – ein richtiger Secret Spot also!

PORT DEBILLY

Vom Fußgängerweg Port Debilly an der Seine (wende dich an der Place de Varsovie nach links) aus gesehen

FOTO TIPP

Tritt durch die Eisentore am Ende der Straße und nimm diese mit aufs Foto, das schafft einen tollen Kontrast. Wenn du jemand hinter dem Eisentor siehst, frag jedoch besser kurz um Erlaubnis.

Square Rapp

Sonnenauf- und -untergang hier sind einfach toll! Das schönste Foto machst du auf der unteren Ebene der Brücke, sodass die Stahlbögen einen Rahmen für den Eiffelturm bilden.

bilden Seine, Eiffelturm und Pont d'Léna eine fantastische Kulisse. Perfekt für ein kleines Picknick und noch perfekter für ein kleines Foto-Shooting. Es gibt unzählige Möglichkeiten, achte aber darauf, die schöne Brücke oder einen der Poller am Boden mit aufs Foto zu nehmen. Wenn du dann noch ein bisschen weiterläufst, erreichst du die Passerelle Debilly, eine Fußgängerbrücke, ebenso wie der Eiffelturm ein Denkmal der Metallarchitektur. Auch ihre Konstruktion bietet tolle Perspektiven auf die „Eiserne Dame" (Bild-Inspo S. 66).

PONT DE BIR-HAKEIM

Die 1878 errichtete U-Bahn-Brücke Pont de Bir-Hakeim ist ein Eiffelturm-Foto-Spot der Extraklasse und war schon Drehort für den Film „Inception", trotzdem verirren sich nur wenige Touristen hierher. Die untere Ebene ist Fußgängern vorbehalten, oben fahren die U-Bahn-Züge der Linie 6. Mein Tipp: Fahr mit der Metro über die einzigartige Mittelpromenade des Viadukts – ein Ausblick-Erlebnis für sich!

AVENUE DE NEW YORK

Diese meist von Bäumen gesäumte Straße entlang der Seine (sie verläuft parallel zum Fußgängerweg Port Debilly) bietet unzählige Foto-Locations mit Ausblick auf den Eiffelturm. Wo immer es hier eine Sitzgelegenheit gibt, etwa eine niedrige Mauer, eignet sich diese super, um tolle Perspektiven auf den Eiffelturm zu schaffen. Außerdem ist die Avenue von Bäumen gesäumt – du kannst sie und ihr Blätterwerk z. B. als Rahmen für deine Aufnahmen nutzen.

SEHENSWERTES WESTEN MIT EIFFELTURM

BUCKET LIST
Die besten Foto-Spots

Meine schönsten Bilder mit dem Eiffelturm.

WESTEN MIT EIFFELTURM

26. BOOTSFAHRT AUF DER SEINE

Du hättest gern einen Perspektivwechsel? Vom vielen Laufen tun dir die Füße weh? Wie wär's mit einer Bootsfahrt? Auf der Seine, Paris' Lebensader, kannst du die Attraktionen der Stadt einfach gemütlich an dir vorbeiziehen lassen, die Lichtstimmungen genießen, vielleicht etwas essen und trinken, fotografieren natürlich, in den Sonnenuntergang hineinfahren – eine bequemere Art, Paris zu entdecken, gibt es wohl nicht. Startpunkte sind am Eiffelturm (Pont d'Léna), am Pont de l'Alma und am Square du Vert Galant (Île de la Cité). Infos: www.vedettesdupontneuf.com, www.bateauxparisiens.com. Du kannst aber auch beispielsweise über GetYourGuide buchen, wo es verschiedene Fahrten gibt: eine Sonnenuntergangsfahrt, eine Bootsfahrt mit Abendessen/Cocktails usw.

> **TIPP**
> Von der Seine aus ergeben sich tolle und ungeahnte Perspektiven auf Bauwerke, Brücken und die Stadt insgesamt.

27. BOIS DE BOULOGNE MIT JARDIN D'ACCLIMATATION

Wenn dir mal eher nach Natur als nach Metropole ist, dann ist in Paris der Bois de Boulogne mit vielen Rad- und Wanderwegen sowie kleinen Seen (mit Bootsverleih) das vielleicht naheliegendste Ziel. Die Pariser verdanken ihn Napoléon III., der Mitte des 19. Jahrhunderts. Teile des riesigen Jagdwalds in freundliche Grünanlagen verwandeln ließ. Bis heute nutzen sie den Park – teils Ziergärten, teils Wälder – gern zur Entspannung. Für alle, die mit Kindern reisen oder selbst noch eines sind, ist der Erlebnispark Jardin d'Acclimatation am nördlichen Rand des Bois de Boulogne ein Muss. Abends allerdings ändern sich hier Publikum und Atmosphäre – Prostituierte und Freier prägen die Szene! 500 m westlich vom Jardin d'Acclimatation musst du dir unbedingt die wirklich atemberaubende Stahl- und Glaskonstruktion der Fondation Louis Vuitton, eines Privatmuseums (aktuelle Kunst), anschauen.

8 Avenue du Mahatma Gandhi | Station: Les Sablons

TIPP FOTO TIPP FOTO TIPP FOTO

Das Gebäude von Stararchitekt Frank Gehry heißt „Le vaisseau de verre" („Das Glasschiff"), bietet Fotomotive ohne Ende und unvergesslich ist es obendrein.

Kopfsteinpflaster, historische Architektur direkt am Eiffelturm – und trotzdem relative Stille!

28. RUE DE L'UNIVERSITÉ & L'HOWEA

Fast 3 km lang zieht sich die Rue de l'Université mehr oder weniger parallel zur Seine nach Osten. Vor allem an ihrem westlichen Ende ist sie dabei eine tolle Insta-Fotokulisse mit dem nahen Eiffelturm als mächtigem Hintergrund. Normalerweise geht's auf dieser Straße ziemlich ruhig zu, Touristen gibt es kaum, wegen des Blicks auf den Eiffelturm und der fotogenen Haussmann-Architektur hat sie sich aber in letzter Zeit zu einer Art Hot Spot für Influencer entwickelt. Vielleicht kaufst du dir für deinen Instagram-Shoot im Supermarkt oder der Bäckerei um die Ecke ein Baguette? **Oder doch lieber Blumen als Requisite? Im Laden „L'Howea", einen Katzensprung weiter östlich an der Avenue Rapp, wirst du kompetent beraten.**

Fun Fact: Die Marke Yves Saint Laurent hat ein Parfum nach der Adresse 24, Rue de l'Université benannt – dort sind in einem Gebäude aus dem 17. Jahrhundert. die Ateliers von YSL zuhause.

18 Avenue Rapp | Metro: Alma-Marceau

29. SCHLOSS VERSAILLES

Besuch beim Sonnenkönig? Wenn du genügend Zeit hast, solltest du dir Schloss Versailles mit seiner schier unglaublichen Pracht nicht entgehen lassen. So groß wie eine Kleinstadt liegt es keine 20 km vom Eiffelturm entfernt, zählt absolut zu den größten Schätzen Frankreichs und ist auf jeden Fall einen Extratrip wert! Sonnenkönig Ludwig XIV. ließ es samt der Anlagen drumherum errichten, selbstverständlich von den größten Architekten und Künstlern der Zeit. Lass den Prunk auf dich wirken – z. B. im Spiegelsaal, in der Chapelle Royale, der Oper und in den Gartenanlagen, damals und vielleicht auch heute noch den prächtigsten der Welt. **Ganz sicher findest du hier auch den einen oder anderen royalen Foto-Spot.**

Place d'Armes, 78000 Versailles | Expressbahn RER C, Richtung: Versailles Château – Rive gauche

Mit Abstand der berühmteste und prächtigste Raum in Versailles: der Spiegelsaal.

FOTO TIPP

WESTEN MIT EIFFELTURM

PARK

30. ÎLE AUX CYGNES

Reif für die Insel? Dann ist die Île aux Cygnes (Insel der Schwäne) ein nahes Refugium. Vom Pont de Bir-Hakeim (S. 52) beim Eiffelturm führt eine Treppe hinab auf diese nur etwa 20 m breite und knapp 1 km lange, beinahe schnurgerade Insel. Angelegt wurde sie 1825 als Halterung für drei Seine-Brücken – den Pont de Bir-Hakeim, den Pont Rouelle und den Pont de Grenelle. Ein einsames Insel-Idyll findest du hier zwar nicht, aber immerhin gibt's auf dem Grünstreifen in der Seine keinen motorisierten Verkehr – dessen Brausen hörst du links und rechts am Ufer. Gut die Hälfte der Inselbreite nimmt die Allée des Cygnes ein. Im Schatten ihrer 322 Bäume sind Jogger und Flaneure unterwegs. Wer einfach nur den Blick schweifen lassen will zum Eiffelturm und über die Seine-Ufer, lässt sich auf einer der zahlreichen Bänke nieder.

Metro: Charles Michels oder Bir-Hakeim

> TIPP
> An der südwestlichen Inselspitze blickt, 11,5 m hoch, die Freiheitsstatue auf die vorbeiziehenden Schiffe. Die Nachbildung kam 1889 als Geschenk der USA nach Paris.

ESSEN & TRINKEN

31. LE P'TIT TROQUET

Warm und gemütlich, mit einer ordentlichen Portion 20er-Jahre-Flair – so präsentiert sich das sympathische Lokal, in dem traditionelle französische Küche serviert wird. Abends ist das Restaurant nur freitags und samstags geöffnet. Wer dann dort speist, sollte den Aufbruch gut timen: Immer zur vollen Stunde glitzert draußen der Eiffelturm. Damit's mit dem Gesamterlebnis auch klappt, am besten reservieren!

28 Rue de l'Exposition | Metro: Ecole Militaire | www.leptittroquet.fr | @leptittroquet

Au pied du Fouet

LOW $ BUDGET

32. BŌL-POKE FACTORY

Auch in Frankreichs Hauptstadt muss es nicht unbedingt die französische Küche sein. Wie wär's z.B. mal mit hawaiianischen Spezialitäten? Etwa einer Poke-Bowl? Dieses von der japanischen Küche beeinflusste Trend-Food (viel roher Fisch) bringt nun auch in Paris exotische Leichtigkeit auf den Tisch. Wenn du dich für 10 bis 20 Euro gesund sattessen möchtest, bist du hier richtig. Wie wär's also mit dem hawaiianischen Avocado-Lachs-Toast, in der Bowl serviert? Oder der Indochine-Bowl: mariniertes Rindfleisch mit Chinakohl, Karotten, Gurke, Wakame und Edamame, Minze und Koriander … mmmhhh.

167 Rue de la Pompe | Metro: Victor Hugo | www.bolpokefactory.fr | @bolpokefactory

33. AU PIED DU FOUET

Dieses quirlige kleine Restaurant mit sympathischem Retro-Chic ist eine von drei Filialen einer Bistrokette. Für wenig Geld gibt es hier Klassiker der französischen Küche wie Entrecôte (Steak), Confit de canard (langsam in simmerndem Fett gegartes Entenfleisch) mit Sahnekartoffeln und Foie de volaille sauté (gebratene Geflügelleber), ebenso Dessertstandards wie Crème brûlée und Tarte Tatin. Reservieren geht nicht, freie Plätze an den Tischen werden aufgefüllt – neue Bekanntschaften also nicht ausgeschlossen. In der Warteschlange kann's übrigens passieren, dass das Haus dir die Wartezeit mit einem kostenlosen Kir versüßt.

45 Rue de Babylone | Metro: Saint-Germain-des Prés | www.aupieddefouet.fr

ESSEN & TRINKEN WESTEN MIT EIFFELTURM

BUCKET LIST
Le P'tit Troquet

Schreib' eine Liebeserklärung an die französische Küche:

Chère cuisine francaise,

34. AUX MERVEILLEUX FRED

1987 eröffnete der Patissier Frédéric Vaucamps in Paris sein erstes Geschäft, heute ist er auch in Tokio, Toronto, New York und diversen europäischen Städten vertreten. In Paris gibt's mehrere Dépendancen. In der Rue d'Annonciation setzt ein riesiger Kronleuchter das Angebot hinter großen Glasscheiben ins rechte Licht. Und das lässt sich sehen: Merveilleux, das sind kunstvoll mit diversen Zutaten umhüllte Meringues – schon optisch ein Traum! Gönn dir also! Zum Beispiel „Le Sans-Culotte", „L'Excentrique", „L'Incroyable"… Wenn Meringues nicht unbedingt deins sind, dann wähle ein „Cramique" – Schoko-, Rosinen- oder Zuckerbrötchen. **Mein Favorit ist L'Impensable: Meringue, mit Kaffeesahne umhüllt und mit kandierten Kaffeemeringuestückchen bedeckt – zergeht auf der Zunge.**

29 Rue de l'Annonciation | www.auxmerveilleux.com | @auxmerveilleuxdefred

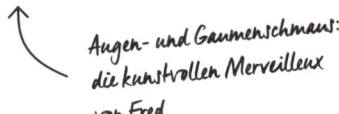
Augen- und Gaumenschmaus: die kunstvollen Merveilleux von Fred

SHOPPING

35. RUE DU COMMERCE

Der Name „Rue du Commerce" ist Programm: Etwa 1,5 km Fußweg südlich vom Eiffelturm geht diese schmale Straße im ruhigen, wenig touristischen 15. Arrondissement vom Boulevard de Grenelle ab. Auf der schicken, gutbürgerlichen Einkaufsmeile mit über 100 Läden sorgen Schuhgeschäfte, Boutiquen mit einzigartiger Mode und Dessous sowie Fashion-Shops mit erschwinglichen Angeboten für ein abwechslungsreiches Einkaufserlebnis. Klar, dass hier und in den Seitenstraßen auch die Locals unterwegs sind.

Das Angebot richtet sich aber vor allem an die weibliche Kundschaft – wer nicht mitshoppen will, lässt es sich in einem der vielen Cafés oder Restaurants in der Gegend gutgehen oder sucht sich auf dem Champ de Mars ein gemütliches Plätzchen zum Picknicken.

Metro: Avenue Émile Zola und La Motte-Picquet – Grenelle

Die Rue du Commerce ist auf jeden Fall einen Abstecher wert! Mich zieht es eigentlich bei jedem Paris-Besuch zu einer kleinen Shopping-Tour hierher – die Pariser Mode ist einfach einzigartig!

PARIS
Süden

Der Süden von Paris hat nicht ganz so viele Sehenswürdigkeiten zu bieten wie der Norden, dafür geht es hier wegen seiner Studentenszene deutlich ungezwungener zu. Denn die Studenten haben auch verwandte Milieus angezogen: Intellektuelle und Künstler sorgen vielerorts für ein weltoffenes, alternatives Flair, die Touristenströme ziehen dagegen eher anderswo durch Frankreichs Metropole.

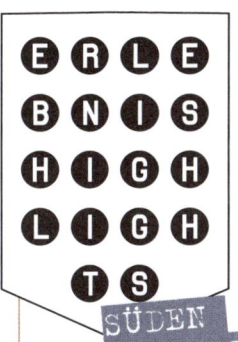

ERLEBNIS HIGHLIGHTS

SÜDEN MIT INSELN

> **SONNTAGS IM BUCHLADEN**
> **EIN ABEND AM SEINE-UFER**
> **DAS LICHT IN DER SAINTE-CHAPELLE**
> **DEN CRÊPE-HIMMEL ERLEBEN**
> ....
> ....
> ....

Auf Inlinern durch Montparnasse, faul am Fluss ...

ÜBERSICHTSPLAN SÜDEN MIT INSELN

Süden mit Inseln

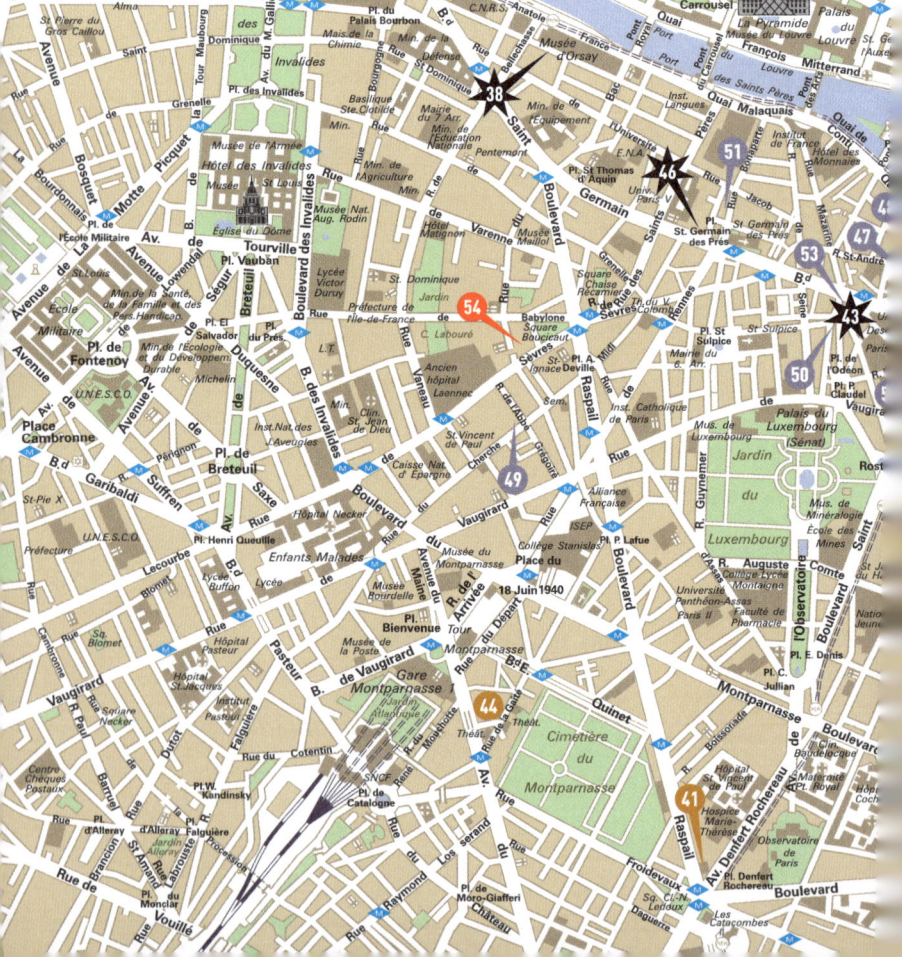

SÜDEN MIT INSELN

SEHENSWERTES
- 36 SHAKESPEARE & COMPANY
- 37 PANTHÉON
- 38 MUSÉE D'ORSAY
- 39 ÎLE DE LA CITÉ & ÎLE SAINT-LOUIS
- 40 NOTRE-DAME
- 41 LES CATACOMBES
- 42 GRANDE MOSQUÉE
- 43 IM CRÊPES-HIMMEL
- 44 INLINESKATING DURCH MONTPARNASSE

PARKS
- 45 JARDIN DES PLANTES

ESSEN & TRINKEN
- 46 CAFÉ DE FLORE
- 47 LE 43 - UP ON THE ROOF
- 48 CHEZ GERMAINE
- 49 MAMIE GÂTEAUX
- 50 THE COD HOUSE
- 51 LE BONAPARTE
- 52 INSTITUTE FINLANDAISE
- 53 L'AVANT COMPTOIR

SHOPPING
- 54 LE BON MARCHÉ

Ein Buchladen, der für Hollywood schon gut genug war, eignet sich natürlich auch super als Fotomotiv. Gern gesehen wird es aber nicht, wenn man hier ein Foto schießt. Also nicht erwischen lassen!

SEHENSWERTES

36. SHAKESPEARE AND COMPANY

Bücherwürmer aufgepasst: In diesem 1951 gegründeten, herrlich schrulligen Buchladen würfelt es dir wahrscheinlich den streng getakteten Sightseeing-Zeitplan durcheinander! Ich jedenfalls fühle mich jedes Mal wie in der Zeit zurückversetzt und vergesse diese ganz schnell. **Besonders liebe ich es, hier verregnete Sonntage zu verbringen und ein bisschen zu stöbern, mich auf ein Sofa oder in einen Ohrensessel zu fläzen und Agatha, die Katze, zu schmusen, die es sich zwischen den Schmökern gemütlich gemacht hat.** So klein der verschachtelte Laden ist, so vollgestopft ist er mit Büchern, die sich buchstäblich bis unter die Decke stapeln. Der Großteil der Bücher ist englischsprachig, eine kleine kleine deutsche Abteilung gibt es aber auch. Du kannst dabei alte Schätze genauso ausgraben wie aktuelle Bestseller. Und mit etwas Glück findet gerade die Lesung eines Schriftstellers statt. Auch Hollywood hat den Bookstore schon für sich entdeckt, unter anderem diente er als Kulisse für den Film „Before Sunset" mit Julie Delpy und Ethan Hawk. Ein kleines Café gehört übrigens ebenfalls dazu.

37 Rue de la Bûcherie | Metro: St-Michel

37. PANTHÉON

Endstation Panthéon! Wer in Frankreich wirklich unsterblich geworden ist, das erfährst du bei einem Rundgang durch diese nationale Ruhmeshalle der Franzosen. Ursprünglich war der mächtige Kuppelbau eine Kirche, doch bereits kurz nach der Französischen Revolution wurden die sterblichen Überreste großer Franzosen hier zur letzten Ruhe gebettet. Den Anfang machten Voltaire und Jean-Jacques Rousseau, 1885 wurde das Panthéon dann endgültig zu einem Mausoleum umfunktioniert. Überwiegend sind hier tote Denker und Dichter mit Y-Chromosom versammelt – insgesamt sind es 71 Männer –, Frauen hatten es dagegen lange Zeit schwer, in diesen exklusiven Club aufgenommen zu werden. Als erste von bisher gerade einmal fünf Französinnen schaffte dies die Chemie-Nobelpreisträgerin Marie Curie: 1995, 61 Jahre nach ihrem Tod, wurden ihre Gebeine umgebettet. **Angesichts der vielen Genies kann man schon etwas ehrfürchtig werden, zumal man sich in dem recht kahlen, riesigen Innenraum durchaus winzig vorkommt.** Auch spannend: In der Kuppel hängt eine Kopie des Pendels, mit dessen Hilfe der Physiker Léon Foucault 1851 die Erdrotation nachgewiesen hat.

Place du Panthéon | Metro: Cardinal Lemoine

Draußen wie drinnen beeindruckend: der Panthéon.

38. MUSEÉ D'ORSAY

Das vielleicht ungewöhnlichste Museum von Paris solltest du nicht verpassen. Nicht nur die hier ausgestellte Kunst ist ein totaler Hingucker, sondern vor allem auch die Location. Diese war nämlich in ihrem ersten Leben eine alte Bahnhofshalle, die im Jahr 1900 eingeweiht wurde. Doch schon rund 40 Jahre später musste man erkennen, dass der Gare d'Orsay für die dank elektrischer Loks immer länger werdenden Züge nicht mehr ausreichend war. Schon bald wurde der Bahnhof aufs Abstellgleis geschoben und nur deshalb nicht abgerissen, weil 1973 der Denkmalschutz zuhilfe kam. Einige Jahre danach folgte dann die Metamorphose zum Museum, das 1986 eröffnet und 2008–2011 nochmals spektakulär renoviert wurde. In lichtdurchfluteten Sälen wird seitdem großartige Kunst präsentiert. **Vor allem das Who's who der Impressionisten ist vertreten, so kannst du Gemälde von Vincent van Gogh, Paul Gauguin und Paul Cézanne bewundern oder auch Skulpturen von Edgar Degas und Auguste Rodin.** Und das alles umgeben von der fantastischen Architektur der Belle Époque. Ganz klar, das Musée d'Orsay ist eines meiner liebsten Museen in Paris!

1 Rue de la Légion d'Honneur | Metro: Solferino RER: Musée d'Orsay

> **TIPP**
> Du bist EU-Bürger und nicht älter als 25 Jahre? Dann kannst du das Musée d'Orsay sogar kostenlos besuchen. Jeden ersten Sonntag im Monat ist der Eintritt für alle Besucher frei.

LOW $ BUDGET

SEHENSWERTES SÜDEN MIT INSELN

BUCKET LIST
Museé d'Orsay

M
'O

Du warst da? Klebe als Erinnerung dein Ticket oder ein anderes Souvenir ein.

SÜDEN MIT INSELN

FOTO TIPP Zoome an den einen oder anderen „mascaron" heran – die Steinfratzen machen sich gut als kleine Illu.

39. ÎLE DE LA CITÉ & ÎLE SAINT-LOUIS

Auf der Île de la Cité hast du die Qual der Wahl: die geschichtsträchtigen und kunsthistorischen Attraktionen bestaunen oder doch lieber einen faulen Tag am Fluss verbringen? Damit beides geht, solltest du also ein paar Stündchen Zeit mitbringen. Toller Auftakt eines Rundgangs könnte der Pont Neuf von 1607 sein. Der Name der „neuen Brücke" führt etwas in die Irre, ist sie doch die älteste noch im Originalzustand erhaltene Brücke von Paris. Schau sie dir auch vom Ufer aus an – so siehst du die „mascarons", die schrägen Steinfratzen von Taschendieben, Stadtstreichern und Co., insgesamt sind es 384 Figuren. Nächster Halt könnte die mächtige Conciergerie sein: Das königliche Schloss aus dem 14. Jahrhundert diente während der Französischen Revolution als Gefängnis, unter anderem Marie Antoinette saß hier im Kerker, bevor sie zur Guillotine gekarrt wurde. Ein absolutes Highlight von ganz Paris ist dann gleich ums Eck die von außen völlig unscheinbare Sainte-Chapelle, die du jedoch aufgrund der langen Warteschlange kaum verfehlen kannst.

PICKNICK-SPOT

TIPP

Im Sommer bevölkern die Pariser das Seine-Ufer. Der schönste Platz für ein Sonnenuntergangs-Picknick ist der kleine Park Square du Vert Galant. Zwar kein Geheimtipp für ein romantisches Tête-à-Tête, trotzdem zauberhaft.

SÜDEN MIT INSELN

Auch wenn du für Kunst eigentlich nicht viel übrig hast, werden dir die in allen Farben des Regenbogens strahlenden Buntglasfenster den Atem rauben – an einem sonnigen Tag ist das Licht in der kleinen Kapelle einfach magisch!

An Notre-Dame (Nr. 40) vorbei geht es schließlich über eine kleine Brücke hinüber zur Île Saint-Louis. Zwar gibt es auf dieser nicht viel zu sehen, doch lohnt es sich, durch die Rue St-Louis en l'Île mit ihren vielen Läden zu schlendern. Hier findest du sicher auch die Zutaten für ein Picknick, das du dann am besten wieder auf der Île de la Cité einnimmst. Der perfekte Ausklang eines Tages!

Metro: Pont Neuf, Cité

40. CATHÉDRALE NOTRE-DAME DE PARIS

Am 15. April 2019 stand ganz Paris, ja, ganz Frankreich unter Schock. Die Kathedrale Notre-Dame, neben dem Eiffelturm „das" Wahrzeichen der Stadt, stand in Flammen. Das Feuer brach während der Abendmesse aus noch immer ungeklärten Gründen im Zuge von Restaurierungsarbeiten direkt unterm Dach aus. Die Feuerwehr kämpfte mit vollem Einsatz, um die Gebäudestruktur zu sichern. Mit Erfolg! Zwar wurden der Spitzturm und der Dachstuhl aus Eichenholz zerstört, und es wird noch Jahre dauern, bis dieses Meisterwerk der Gotik wieder in altem Glanz erstrahlt, doch sowohl die wunderschöne Westfassade mit ihren zwei Haupttürmen wie auch die Wände des Mittelschiffs und der Großteil des Deckengewölbes konnten vor dem drohenden Einsturz bewahrt werden. Immerhin rund 90 Prozent der kostbaren Kunstwerke, die bis zum Brand tagtäglich von Tausenden Besuchern bewundert wurden, blieben erhalten, auch wenn viele von ihnen durch Hitze und Löschwasser in Mitleidenschaft gezogen wurden.

Der Wiederaufbau hat inzwischen begonnen. Vom Inneren der Kathedrale schaut man durch ein großes Loch im Gewölbe direkt in den Himmel. Darüber ist ein Schirm zum Schutz vor Regen aufgespannt. Draussen hast du den besten Blick von der Mauer an der Place de Petit Pont.

Paris Notre-Dame-Place Jean-Paul II | Metro: Cité, Saint-Michel Notre-Dame

41. LES CATACOMBES

Was tun, wenn man in der Innenstadt Friedhöfe auflösen will, aber nicht weiß, wohin mit den sterblichen Überresten der Toten? Die Pariser kamen Ende des 18. Jahrhunderts auf eine recht makabre Idee, der eine der heute beliebtesten Sehenswürdigkeiten zu verdanken ist. Sie überführten die Gebeine von über sechs Millionen Menschen in die Steinbrüche, die damals noch außerhalb der Stadtgrenzen lagen. Einen klitzekleinen Ausschnitt dieses riesigen unterirdischen Friedhofs kannst du auf einer 1,5 km langen Tour besichtigen. **Diese ist aber sicher nichts für zartbesaitete Gemüter, denn an den Wänden stapeln sich vom Boden bis zur Decke die Knochen und Schädel der Pariser früherer Jahrhunderte.** Dafür ist es hier unten an einem heißen Sommertag erfrischend kühl, die Temperatur beträgt recht konstant 14 °C. Keine gute Idee ist es übrigens, einen Knochen als schauriges Andenken zu stibitzen – am Ende der Tour werden die Taschen durchsucht.

Place Denfert-Rochereau | Metro: Denfert-Rochereau

> **TIPP**
> Noch mehr Grusel gefällig? Im Spukhaus Le Manoir werden mit jeder Menge Spezialeffekten Pariser Legenden zum Zombieleben erweckt – ein echter Thrill, auch für echte Kerle.

42. GRANDE MOSQUÉE DE PARIS

Wie eine Fata Morgana ragt das Minarett der Großen Moschee schon von Weitem aus dem Pariser Vorstadtdschungel heraus. Im Gegensatz zu den meisten Moscheen Nordafrikas, an die der Bau erinnert, kann diese hier aber auch besichtigt werden. **Schon im himmlisch ruhigen Innenhof mit seinen Palmen, Feigenbäumen und verspielten Brunnen fühlst du dich wie in einem Märchen aus Tausendundeiner Nacht.** Das Gefühl setzt sich im Gebetsraum fort, der reich mit filigranen Kacheln und verschnörkelten Kalligrafien geschmückt ist. Für Frauen gibt es eine Fortsetzung des Märchens im angeschlossenen Hammam – inklusive Körperpeeling, zehnminütiger Massage und Loungenutzung. Während sich die Damen also nach allen Regeln der Kunst verwöhnen lassen, können die Herren so lange im schattigen Hof der Teestube warten und sich Minztee und pappsüßes orientalisches Gebäck schmecken lassen. Außerdem gehört zu der Moschee noch ein Restaurant, das typisch nordafrikanische Gerichte, von Tajines bis Couscous, auf den Tisch bringt.

Place du Puits de l'Ermite | Metro: Place Monge

Das orientalische Ambiente der Großen Moschee eignet sich perfekt für ein paar tolle Fotos. Vergiss aber nicht: Das ist ein religiöser Ort, an dem du dich respektvoll verhalten und nicht zu viel Haut zeigen solltest!

FOTO TIPP

Und zack bist du plötzlich in Marokko gelandet!

Crêpes auf japanische Art? Gibt's nur bei Princess Crêpe im Marais.

43. IM CRÊPES-HIMMEL

Was sind die Highlights deines Paris-Trips? Der Blick vom Eiffelturm, das geheimnisvolle Lächeln der Mona Lisa im Louvre, ein wilder Abend im Moulin Rouge? Oder doch diese unvergessliche Crêpe, frisch gebacken, luftig leicht und himmlisch im Geschmack? So gut wie in Paris schmecken Crêpes einfach nirgends sonst. Und wohl jeder, egal ob Einheimischer oder Tourist, hat seinen ganz persönlichen heißen Tipp, wo es die besten gibt. Ich natürlich auch: Also schau doch mal beispielsweise in einer Filiale von **Breizh** vorbei, etwa in der Rue de l'Odéon, wo die süßen Crêpes und ihre rustikalen Pendants, die Galettes, so traumhaft schön angerichtet werden, dass man sich kaum traut, sie zu essen. Oder in dem im Surfer-Look eingerichteten **Café Krügen**, das die original bretonischen hauchdünnen Pfannkuchen so zelebriert wie kaum ein anderes Lokal. Oder das ultraniedliche **Princess Crêpe** im Anime-Style, wo dir das freundliche Personal knallbunte Crêpes-Tüten mit Eis und anderen süßen Füllungen zaubert. Yummy!

Breizh: 1 Rue de l'Odéon | Metro: Odeon
Krügen: 4 Rue du Général Renault | Metro: Saint-Ambroise | @krugen_paris
Princess Crepe: 3 Rue des Ecouffes | Metro: Saint-Paul | @princesscrepe.fr

SEHENSWERTES SÜDEN MIT INSELN

BUCKET LIST
Im Crêpes-Himmel

BEST CRÊPES IN TOWN

NAME OF RESTAURANT	RATING
	☆ ☆ ☆ ☆ ☆
	☆ ☆ ☆ ☆ ☆
	☆ ☆ ☆ ☆ ☆
	☆ ☆ ☆ ☆ ☆
	☆ ☆ ☆ ☆ ☆
	☆ ☆ ☆ ☆ ☆
	☆ ☆ ☆ ☆ ☆
	☆ ☆ ☆ ☆ ☆

SÜDEN MIT INSELN

44. INLINESKATING DURCH MONTPARNASSE

Sightseeing mal anders: Einmal in der Woche, immer freitagabends ab 21.30 Uhr, kommen Inlineskater voll auf ihre Kosten. Dann nämlich sind im ehemaligen Künstlerviertel Montparnasse die Straßen auf einer Gesamtlänge von bis zu 30 km für den motorisierten Verkehr gesperrt. **Vor allem im Sommer kommt da ein bunt gemischtes Völkchen aus Parisern und Touris aus aller Welt zusammen,** die entspannt auf acht Rollen unter den Füßen über den Asphalt gleiten. Da wird die Party kurzerhand auf die Straße verlegt.

Das Event ist perfekt organisiert und wird von blinkenden Streckenposten und rund zehn „Flics Roulants", Polizisten auf Inlinern, begleitet. Startpunkt ist zwischen Montparnasse-Bahnhof und -Turm. Wer mitmachen will, sollte sicher auf seinen „Kufen" unterwegs sein und nicht in Panik geraten, wenn er bremsen oder eine Kurve fahren muss! Auch Longboards, Skateboards und Co. sind erlaubt. Helme und Protektoren sind empfohlen, aber nicht vorgeschrieben.

Metro: Paris Montparnasse | www.pari-roller.com

LOW $ BUDGET

TIPP
Spannende Alternative zur teuren Stadtführung: die Inlineskating-Tour durch Montparnasse – aktiv und kostenlos!

PARKS

45. JARDIN DES PLANTES

Genug vom Betondschungel? Dann bist du im nur einen Steinwurf vom Seine-Ufer entfernten botanischen Garten goldrichtig. Zwei von Platanen gesäumte Alleen und viele weitere Wege und Pfade erschließen den Park, der sich daher wunderbar für einen Spaziergang oder ein Picknick im Grünen eignet. Entsprechend beliebt ist er bei den Parisern, weshalb du dich nicht nur zur Mittagszeit glücklich schätzen darfst, wenn du eine Bank ergattert hast. Auch zum Schauen gibt es einiges: Ein Augen- und Nasenschmaus sind – natürlich besonders in Frühjahr und Frühsommer – die Pfingstrosen- und Rosengärten der École de Botanique. **Tolle Spots für Instagrammer sind die alten Gewächshäuser, in denen tropische und subtropische Schönheiten üppig gedeihen – fast könnte man meinen, sich in den Urwald verirrt zu haben.** Außerdem ist der Jardin des Plantes Heimat der Ménagerie, eines Zoos, der zugleich eine Zuchtstation für vom Aussterben bedrohte Tierarten ist.

Spielt das Wetter nicht mit, kannst du immer noch einen Abstecher ins Museum National d'Histoire Naturelle unternehmen: Das Naturkunde- und Anthropologiemuseum ist alles andere als angestaubt und nimmt seine Besucher mit auf eine spannende Entdeckungsreise durch die Evolution des Lebens. Apropos Evolution: Die ist auch in der Grande Galerie de l'Évolution das große Thema. Wirklich beeindruckend: die Karawane mit ausgestopften Tieren.

Metro: Gare d'Austerlitz

SÜDEN MIT INSELN

ESSEN & TRINKEN

46. CAFÉ DE FLORE

Schon die wundervoll dekorierte Außenfassade ist ein Hingucker, ganz besonders im Sommer, wenn kleine Tischchen unter Sonnenschirmen auf dem breiten Gehweg stehen und – passend zum Namen der Pariser Institution – bunte Blumen den Schriftzug des Café de Flore einrahmen. Es ist eines der typischen Pariser Cafés, in dem früher Intellektuelle und Literaten wie Simone de Beauvoir, Jean-Paul Sartre oder Albert Camus im Zigarettendunst saßen und bei einem Glas Rotwein über schlaue Dinge diskutierten. Zwar sind diese Zeiten vorbei, heute tummeln sich hier eher Touris und die Schickeria, dennoch lohnt sich ein Besuch. **Schließlich ist das 1880 gegründete Café ein beliebter und bekannter Insta-Spot für Influencer und alle, die es werden wollen.** Die Tradition schlägt sich natürlich im Preis nieder, ein Schnäppchen solltest du hier also nicht erwarten. Wer das Flair dennoch einmal genießen will, kann auch auf einen Café au lait vorbeischauen.

Einst Intellektuellen-Treffpunkt, heute beliebter Insta-Spot: Das Café de Flore

172 Boulevard Saint-Germain | www.cafedeflore.fr | Metro: Saint-Germain-des-Prés | @cafedeflore-paris

47. LE 43 – UP ON THE ROOF

Einer dieser Orte, die man nicht vergisst. Die von Palmen und anderem Grün gesäumte Dachbar ist der perfekte Spot, um bei einem Gläschen Wein oder einem leckeren Aperol Spritz den wunderschönen Sonnenuntergang mit Aussicht auf den Eiffelturm zu bewundern. **Ich liebe es einfach, hierher zu kommen und den einmaligen Blick zu genießen** – dafür sollte man aber gerade abends etwas Geduld mitbringen, da der Platz auf der Terrasse beschränkt ist. Der Service ist nicht immer rekordverdächtig schnell, aber die Wartezeit kann man sich ja bestens mit der Aussicht über die Dächer von Paris versüßen.

4 Rue Danton | Metro: Saint-Germain-des-Prés

48. CHEZ GERMAINE

Manche Dinge ändern sich eben nicht so schnell: Schon 2008 hat die englische Zeitung „The Guardian" das

ESSEN & TRINKEN SÜDEN MIT INSELN

BUCKET LIST

Der Insta-Spot schlechthin. Fotografiere so viel du kannst und klebe dein Lieblingsbild hier ein.

Café de Flore

Chez Germaine unter die Top Ten der Pariser Bistros gewählt, in denen man Essen von höchster Qualität zu Schnäppchenpreisen bekommt. Und das ist heute noch so. Eines muss man jedoch wissen: Das Lokal fällt eher in die Kategorie „Nachbarschaftstreff", ist also nicht nur gemütlich eingerichtet, sondern auch schnuckelig klein, die Plätze sind folglich knapp. Wenn du nicht in die Röhre schauen willst, ist eine Reservierung dringend zu empfehlen. Es wäre ja auch zu schade, wenn du dir den provenzalischen Lammeintopf, das Tintenfischrisotto oder auch die Escargots (wer's mag, das sind nämlich Schnecken) entgehen lassen würdest. Auch die Desserts können sich sehen lassen, also besser noch etwas Platz lassen!

30 Rue Pierre Leroux | www.facebook.com/Chez-Germaine | Metro: Duroc

49. MAMIE GÂTEAUX

So ein Café wünscht man sich zuhause direkt ums Eck. O.k., genau genommen ist es ein „salon de thé", also eine Teestube mit einer kleinen, aber feinen Auswahl an Tees (doch freilich gibt es im Mamie Gâteaux auch den obligatorischen Café au lait oder eine himmlische Heiße Schokolade). Vor allem aber ist das kleine Nachbarschaftslokal mit karierten Tischdecken auf den rustikalen Holztischen, gusseisernem Ofen, alten Möbeln aus Omis Stube und Blümchentapete supersüß und liebevoll eingerichtet – **ein einziger Hingucker eben, der sich perfekt als Foto-Spot eignet.** Zu guter Letzt muss aber auch das hervorragende Hüftgold aus eigener Produktion – Käsekuchen, Zitronentarte oder auch eine Quiche zum Mittagsessen – erwähnt werden. Prädikat besonders zauberhaft!

66 Rue du Cherche-Midi | www.mamie-gateaux.fr | Metro: Vaneau | @mamiegateauxparis

FOTO TIPP: Ich liebe den Look der süßen Außenfassade, weshalb ich ein Bild an der Straßenecke empfehlen kann. Aber auch ein Foodie-Bi[ld] auf den süßen Tischdecken bietet sich a[n]

50. THE COD HOUSE

Oh mein ... Dorsch! Wie bitte? Ja, Du hast richtig gelesen! Denn genau dieses Motto leuchtet – natürlich auf Englisch – in großen Neonlettern an der unverputzten Wand dieser chic-modern gestylten Kombi aus Cocktail- und japanischer Tapasbar. Folgerichtig gibt es kleine Snacks aus dem Land der aufgehenden Sonne – beispielsweise Rolls mit Lachs und Avocado, Garnelen-Tempura, Gelbflossenthun-Carpaccio mit Chili oder auch Miso mit gratinierten Auberginen und Grillhähnchen-Ravioli mit Yuzu-Sauce. Da versteht es sich von selbst, dass auch die Cocktails auf Sake-Basis gemixt und mit ausgefallenen Zutaten wie Matcha-Cachaça, Zimt-Pisco und hausgemachtem Zitronengrassirup verfeinert werden. **Fazit: eine coole Location im schrägen Asia-Industrial-Fusion-Look mit raffiniertem Essen.**

1 Rue de Condé | www.thecodhouse.fr | Metro: Odéon | @thecodhouse

51. LE BONAPARTE

Was wäre Paris ohne seine Straßencafés? Ich liebe es, an einem lauen Frühsommertag in einem der typischen Korbstühle unter einer bunt gestreiften Markise Platz zu nehmen und bei einem Café au lait einfach das Treiben um mich herum zu beobachten. Im zeitlos schönen Le Bonaparte, gleich an der Place Saint-Germain ums Eck, geht dies von morgens um acht bis tief in die Nacht hinein. So beginnt der Tag hier gerne auch mit einem ausgezeichneten Lunch, das der „garçon" in perfektem weiß-schwarzem Anzug stilecht und sehr freundlich, aber auch sehr förmlich serviert. **Ach ja, das Leben ist schön – feiere es mit einem Glas Schampus!** Schließlich schmeckt er nirgends besser als in Paris ...

42 Rue Bonaparte | www.facebook.com/Café-Bonaparte | Metro: Saint-Germain-des-Prés

52. INSTITUTE FINLANDAISE

Was in Paris am meisten Spaß macht? Shoppen und Kaffeetrinken! Im Finnischen Kulturzentrum kannst du beides gleichzeitig tun. Und einen

L'avant Comptoir

Abstecher in den hohen Norden unternehmen. Denn das finnische Kulturzentrum bleibt seinem Auftrag treu und präsentiert sich im klassisch-skanidinavischen, nüchternen und von Holz dominierten Look. Dazu gehören ein Co-Working Space, ein toller Design-Laden und ein nettes Café, in dem es – Überraschung – finnisches Gebäck gibt. **Die Zimtschnecken schmecken wie in Helsinki.** Da fehlt nur noch die Blockhütten-Sauna!

60 Rue des Écoles | www.institut-finlandais.fr | Metro: Cluny – La Sorbonne | @institutfinlandais

53. L'AVANT COMPTOIR

Diese niedliche Kreuzung aus Bistro und Weinbar ist ein Muss bei jedem Paris-Besuch – super Essen und eine spitzenmäßige Auswahl an Weinen, Crémants und Champagnern, die alle auch glasweise ausgeschenkt werden. Dabei handelt es sich genau genommen um zwei Lokale, die Tür an Tür zwei unterschiedliche Küchen anbieten: Das L'avant Comptoir De La Mer hat sich auf Fisch und Meeresfrüchte spezialisiert, das L'avant Comptoir De La Terre auf an Land lebende Tiere. Sehr ungewöhnlich ist die „Speisekarte". Von der Decke baumeln zahlreiche kleine Kärtchen, auf denen die Gerichte dankenswerterweise nicht nur beim Namen genannt, sondern auch mit Fotos vorgestellt werden. Schließlich weiß man nicht unbedingt, was Waffeln mit Schinken und Artischocke, Blutwurstplätzchen, Krabbenpuddingtörtchen mit Pernod-Schaum oder Lachstatarbällchen auf Französisch heißen. **Das Interieur mit kleinen Stehtischen und das chaotisch-fröhliche Flair erinnern eher an eine spanische Tapasbar, meistens ist es recht voll und der Geräuschpegel hoch – das macht Laune.** Abends unbedingt reservieren!

3 Carrefour de l'Odéon | www.camdeborde.com | Metro: Odéon

SHOPPING

54. LE BON MARCHÉ

Die berühmteste Pariser Attraktion, der Eiffelturm, und dieser Kaufhausklassiker haben eine Gemeinsamkeit: Beide tragen sie die architektonische Handschrift von Gustave Eiffel. Folgerichtig ist Le Bon Marché der Inbegriff von Eleganz und Stil. Ein spektakulärer Hingucker und zugleich ein legendäres Insta-Motiv sind die berühmten Rolltreppen. Vor allem aber ist das mit klassischer Musik dezent beschallte Kaufhaus ein Symbol für französischen Luxus und Lebensgenuss. **Klar, dass da in den Mode- und Schuhabteilungen – sie gehören zu den besten des Landes – kein Label von Rang und Namen fehlen darf.** Ramschware und billige Fummel sind tabu, Fashonistas mit prall gefülltem Geldbeutel können sich hingegen bis zur Besinnungslosigkeit austoben. Wer dann noch Energie hat, sollte auch einen Abstecher in die sagenhafte Feinkostabteilung La Grande Épicerie im Nebenhaus unternehmen. Shoppen und Schlemmen wie Gott in Frankreich!

24 Rue de Sèvres | Metro: Sevres – Babylone

Die stylischen Rolltreppen sind ein beliebtes Fotomotiv!

PARIS

Osten

Der Marais, dieses mega angenehme und beliebte Multikulti-Viertel, versprüht Lebensfreude pur. Hier entdeckst du unzählige Shops, Cafés und Bars sowie berühmte Museen und kannst dich locker einen ganzen Tag lang treiben lassen. Aber der Osten hat noch mehr zu bieten: Steht dir der Sinn eher nach Disneyland oder einem Pilgerweg zu den Gräbern deiner Idole? Dann nichts wie hin …

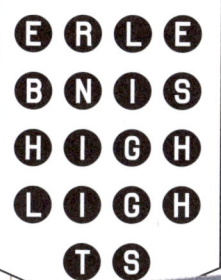

OSTEN MIT MARAIS

> **RÖHRENFAHRT IM CENTRE GEORGES POMPIDOU**
> **SÜSSE DELIKATESSEN PROBIEREN**
> **AM SEINE-STRAND CHILLEN**
> **MORBIDER FRIEDHOFS-CHARME**
> **AVANTGARDE-SHOPPING**
> ……………………
> ……………………
> ……………………

Trendviertel mit reicher Architektur und dörflichem Charme

ÜBERSICHTSPLAN

Osten mit Marais

SEHENSWERTES

- 55 CENTRE GEORGES POMPIDOU
- 56 MUSÉE PICASSO
- 57 DIE SCHÖNSTEN PATISSERIEN & BÄCKEREIEN
- 58 PLACE DES VOSGES
- 59 SPAZIEREN AN DER SEINE
- 60 VIERTEL OBERKAMPF
- 61 MARCHÉ DES ENFANTS ROUGES
- 62 DISNEYLAND PARIS

PARKS

- 63 CIMETIÈRE PÈRE LACHAISE
- 64 BOIS DE VINCENNES

ESSEN & TRINKEN

- 65 CAFÉ MERICOURT
- 66 PNY BURGER
- 67 BISOU
- 68 LE FOODMARKET
- 69 LE BARON ROUGE
- 70 CAFÉ CHARLOT
- 71 LE PERCHOIR
- 72 LUCKY LUCIANO
- 73 WILD & THE MOON

SHOPPING

- 74 SZENEVIERTEL MARAIS
- 75 MERCI CONCEPT STORE
- 76 SEVEN BOYS & GIRLS
- 77 LE TAMPOGRAPHE

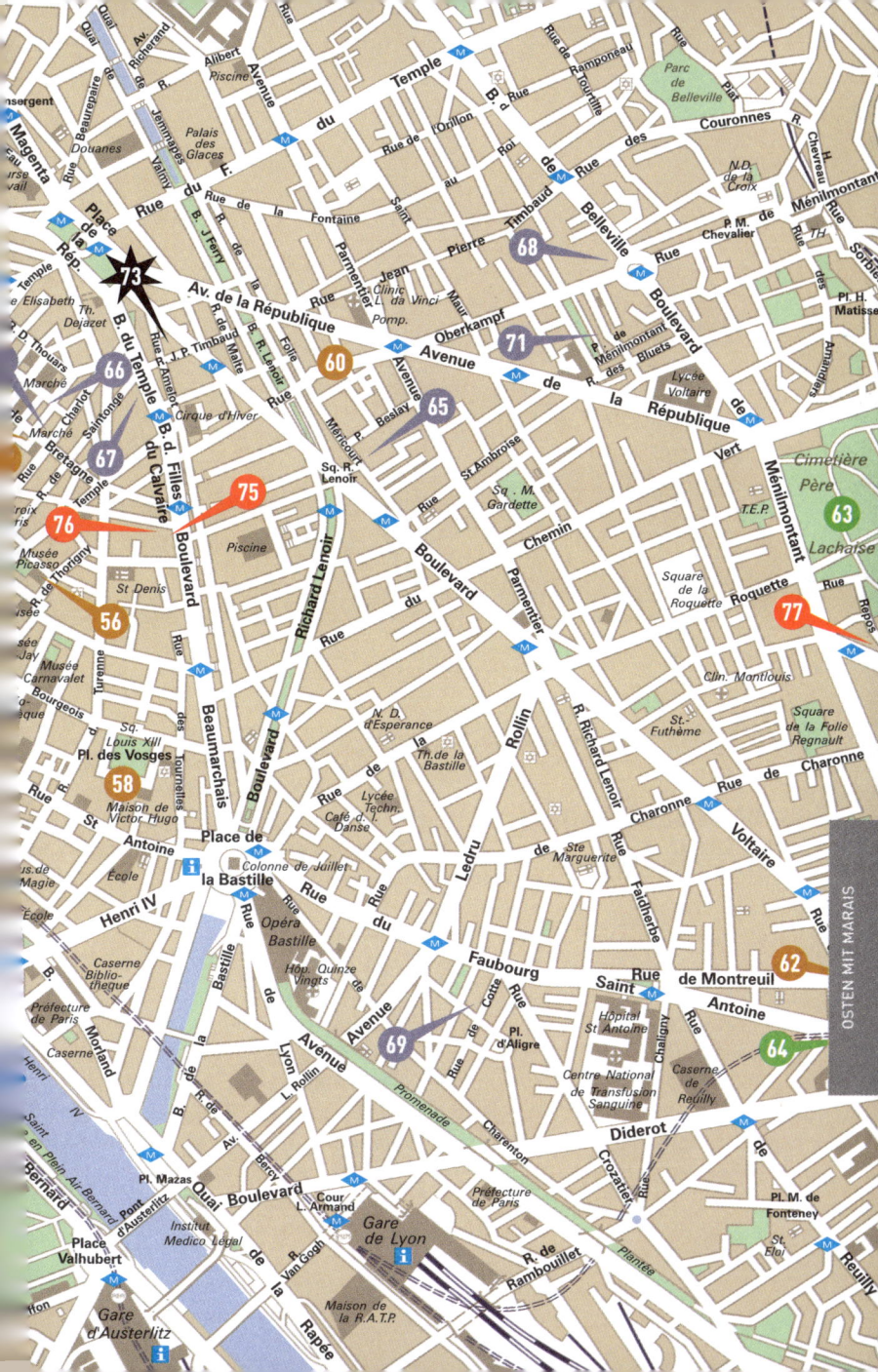

SEHENSWERTES

55. CENTRE GEORGES POMPIDOU

Irgendwie immer noch avantgardistisch mit seinen knallbunten Röhren und der genialen Glasfassade: Voilà, das Centre Pompidou! Lass dich nicht verwirren – die Pariser sprechen gerne nur vom „Beaubourg" und von „La Raffinerie". Schon die Fahrt auf der Rolltreppe durch die Röhren ins Innere des Centre ist ein mega Erlebnis, das dir viele Optionen bietet: Du kannst durch eine der weltgrößten Sammlungen moderner Kunst pilgern. Darf's ein Chagall sein oder lieber ein Matisse, Picasso oder Braque? Weiter findest du hier Vertreter der Pop-Art der 1960er-Jahre und der neuen französischen Realisten. Vielleicht fährst du aber auch einfach nur auf den Rolltreppen spazieren oder begibst dich direkt auf die Dachterrasse ins sensationelle Restaurant Georges. Während du hier einen Drink, Café oder ein edles Essen zu dir nimmst, schweift dein Blick von einem Pariser Hotspot zum nächsten. **Tipp: Donnerstags ist das Centre bis 23 Uhr geöffnet, da liegt dir die ganze glitzernde Stadt quasi zu Füßen.** Vor dem Centre performen unzählige Straßenkünstler – vielleicht hast du noch ein paar Minuten?

Place Georges-Pompidou | Metro: Rambuteau

SEHENSWERTES OSTEN MIT MARAIS

56. MUSÉE PICASSO

Natürlich ein Must-See für alle Fans des großen Pablo Picasso (1881-1973). Hier findest du die größte Picasso-Sammlung der Welt mit den superberühmten Gemälden, Skulpturen und Grafiken. Das alles triffst du in einem bezaubernden, toll renovierten Palais mitten im Marais an. Das Hotel Salé ist eines der größten und extravagantesten Stadtpalais des 17. Jahrhunderts und gibt ganz klar einen super Foto-Spot ab. Auf welche Werke du hier stößt? Mega bekannt sind *Zwei Frauen am Strand*, ein riesiges Teil, und der Stierkopf, ein Ensemble aus Fahrradlenker und Sattel. Auch die kubistische Gitarre ist hier zu sehen.

Die Orientierung im Museum ist nicht ganz leicht, da die Werke weder chronologisch noch thematisch geordnet sind. Als Zugabe gibt's noch einige Bilder von Matisse und Cézanne etc., die Picasso selbst gesammelt hat.

5 Rue de Thorigny | Metro: Saint-Sébastien-Froissart

Ein tolles Statement der LGBTQ-Szene ist der nahe gelegene bunte Zebrastreifen in Regenbogenfarben – ein super Foto-Spot.

FOTO TIPP

57. DIE SCHÖNSTEN PATISSERIEN & BÄCKEREIEN

MAISON MULOT

Naturellement: Hier gibt's exquisite Macarons in den verschiedensten Farben und Geschmacksrichtungen. Und selbstverständlich zahlreiche andere Leckereien, die Gérard Mulot mit viel Liebe backt. Der Laden liegt ganz nah am Jardin du Luxembourg, also versorg dich hier und genieße die Leckereien entspannt im Park.

PICKNICK-SPOT

76 Rue de Seine | Metro: Odéon | @maisonmulot

SÉBASTIEN GAUDARD

In dieser Vintage-Patisserie mit hängenden Lampen und schwarz-weißen Fliesen – super für ein Foto – findest du mit die besten Croissants in ganz Paris. Zudem ist Sébastien Confiseur, Chocolatier und Glacier – und fabriziert nach traditionellen Rezepten edle Tartelettes und Törtchen, herrliche Éclairs und viele weitere feine Teilchen.

22 Rue des Martyrs | Metro: Saint-Georges | @sebastiengaudardpatissier

DU PAIN ET DES IDÉES

Hier wird der Teig noch ehrlich mit der Hand geknetet und du bekommst

SEHENSWERTES OSTEN MIT MARAIS

Éclaires, Tartelettes, Mille-feuilles ... bei diesen Köstlichkeiten macht den französischen Konditoren niemand etwas vor.

FOTO TIPP

kreatives Gebäck wie Feigenbrot. Vor der Boulangerie kannst du schon mal ganz schön Schlange stehen – aber das lohnt sich unbedingt, nicht zuletzt wegen der zarten Viennoiseries.

34, Rue Yves Toudic | Metro: Jacques Bonsergent | @dupainetdesidees

BONTEMPS PÂTISSERIE

Der Trumpf dieser kleinen, edlen Pâtisserie ist neben den sensationellen Kreationen der prächtige Garten – perfekt für ein kleines Frühstück oder den Nachmittagstee mit sagenhaften Petit Fours.

57 Rue de Bretagne | Metro: Temple | @bontempsparis

CYRIL LIGNAC

Sensationelle Chocolaterie mit einer wundervollen Terrasse, auf der du ganz entspannt all die Schoko-Köstlichkeiten probieren kannst, die der Chef hier produziert. Aber selbstverständlich gibt es auch Muffins, Nussbonbons, herrlichen Tee …

25 Rue Chanzy | Metro: Charonne | @cyril_lignac

Der symmetrische Hintergrund kreiert im richtigen Winkel tolle Foto-Perspektiven!

FOTO TIPP FOTO TIPP FOTO TIPP FOTO TIPP

58. PLACE DES VOSGES

Hier ist Eleganz angesagt: 36 symmetrische, edle Stadthäuser mit wunderschönen Arkaden säumen den ältesten Platz der Stadt. Im Sommer versprechen die vier hübschen Wasserfontänen auf den großen Rasenflächen eine Idee von Abkühlung. In der Nr. 6 wohnte übrigens von 1832 bis 1847 der große Schriftsteller Victor Hugo, der mit seinem „Glöckner von Notre Dame" weltberühmt wurde. Und zur Zeit von Heinrich IV. wurden hier Staatsempfänge, adlige Hochzeiten und Turniere abgehalten.

Heute laden die Arkaden mit Galerien, Restaurants und Shops zum Flanieren ein. Falls du dich fragst, woher der Name kommt: Das Département Vosges (Vogesen) war das erste, das Steuern an die Revolutionsregierung bezahlte – und die bedankte sich mit diesem Namen für den schicken Platz.

Metro: Bastille oder Saint-Paul

> **TIPP**
> Strand in der Stadt! Schwimmen darfst du zwar nicht in der Seine, aber die zahlreichen Open-Air-Sprühduschen sowie tolle Wasserfontainen bieten eine himmlische Abkühlung an heißen Sommertagen.

An den Paris Plages fühl[t] man sich plötzlich wie in der Karibik (ab Mitte J[uli] für ein paar Wochen).

59. SPAZIEREN AN DER SEINE

Wenn du dich nach Grün und Wasser sehnst, sind die Parcs Rives de Seine die Location deiner Wahl. Hier flanierst du auf insgesamt 7 km an beiden Ufern ganz entspannt an der Seine entlang, setzt dich auf die Treppen und lässt deine Blicke übers Wasser schweifen, dazu beobachtest du die zahlreichen Ausflugsboote, die an dir vorbeiziehen. An der Rive Droite, dem rechten Seine-Ufer, beginnt die Promenade am Pont Neuf und führt bis zum Pont de Sully. **Nicht ganz so bekannt, aber auch super zum Flanieren am Wasser, ist übrigens das Bassin de l'Arsenal zwischen dem Quai de la Rapée und der Place de la Bastille.**

Wo früher Autos die Luft verpesteten, ist heute Platz für die sanfte Art der Fortbewegung. Fußgänger, Inline-Skater, Jogger, Radfahrer – vielleicht hast du Lust auf ein Mietvelo? – teilen sich die Wege. Picknick-Zonen, Cafés, Terrassen und Bouleplätze laden dich zum Verweilen ein. Zudem hast du vom Ufer einen gigantischen Blick auf die prächtigen Pariser Monumente.

Voie Georges Pompidou | Metro: Tuileries

SEHENSWERTES OSTEN MIT MARAIS

BUCKET LIST
Spazieren an der Seine

SO ...

... VIELE BRÜCKEN PASSIERT ....

... OFT DIE SEITE GEWECHSELT ....

... VIELEN MENSCHEN BEGEGNET ....

... OFT VERWEILT UND DIE AUSSICHT GENOSSEN ....

... VIELE BÄUME GEZÄHLT ....

... VIELE BERÜHMTE BAUWERKE GESEHEN ....

... OFT DAVON GETRÄUMT, IN PARIS ZU LEBEN ....

60. VIERTEL OBERKAMPF

Die belebte Rue Oberkampf und ihre Seitenstraßen bestechen tagsüber mit urbanen Galerien, Cafés, Restaurants, Street Art und kleinen Geschäften. Nachts ist hier Partytime: In mitunter etwas gewollt heruntergekommenen Cocktailbars, Pubs, Clubs und Bars pulsiert das Leben. Wenn du auf Livemusik stehst, schaust du vielleicht mal im Nouveau Casino vorbei, wo Electro-, Pop-, Deep House-, Rock- und sonstige Konzerte steigen (nicht weit entfernt liegt übrigens das Konzerthaus Bataclan, das wegen der islamistischen Anschläge 2015 traurige Berühmtheit erlangte). In der modernen, schicken **Trattoria Ober Mamma** gibt es die angeblich beste Pasta der Stadt (Tipp: die Trüffelpasta!). Und bei **Scoop Me a Cookie** bekommst du verführerisch leckere und total softe Cookies, in verschiedensten Geschmacksrichtungen. Gleich daneben liegt das kleine Museum zu Ehren Edith Piafs (bekannt für das Lied „La vie en rose"). **Kurz: Hier im Viertel geht es etwas alternativ und nicht ganz so glitzernd zu wie anderswo – aber es ist einfach super zum Ausgehen und Feiern!**

Metro: Oberkampf

Lust auf Street-Art? Streetartparis bietet faszinierende Führungen durch Belleville & Montmartre an. Wer selbst mal sprayen möchte, kann dort einen 2,5-stündigen Kurs buchen.

61. MARCHÉ DES ENFANTS ROUGES

Wenn du Streetfood liebst, bist du auf diesem Markt im Marais im Paradies. Der älteste Lebensmittelmarkt der Stadt (von 1615!) bietet libanesische, marokkanische, italienische … Köstlichkeiten – auch to go, falls du keinen Tisch mehr ergattern solltest. In diesem Fall veranstaltest du damit einfach ein Picknick im Square du Temple, einem wunderhübschen englischen Garten. Natürlich gibt's auf dem Markt auch frisches (Bio-)Obst und Gemüse für zwischendurch. Aber auch, wenn du nur bummeln und die lecker-prächtigen Auslagen anschauen magst, bist du hier richtig. Rote Kinder siehst du übrigens nicht mehr, wie der Name andeutet. Früher befand sich ein Waisenhaus nebenan und die Bewohner trugen rote Uniformen.

39, Rue de Bretagne | Metro: Filles du Calvaire

Fast immer gut besucht: der Square du Temple. Setz dich einfach dazu!

Pssst... angeblich zählt das Disneyland zu den Orten mit den meisten Heiratsanträgen in Paris

62. DISNEYLAND PARIS

Perfekt für Klein & Groß! Den unkomplizierten Tagesausflug kannst du z. B. über GetYourGuide buchen. Morgens holt dich der Bus in Paris ab und bringt dich abends wieder zurück. Aber du kannst auch selbst mit dem RER anreisen. Disneyland Paris ist die Toplocation für unvergessliche Fotos und Momente: ein Lieblingsspot ist natürlich das märchenhafte rosafarbene Dornröschenschloss – hier werden wirklich Prinzessinnenträume wahr. Im Disneyland Park tauchst du voll ein in die magische Welt von Walt Disney: All deine Lieblinge erwarten dich hier für einzigartige Selfies. Tolle Shows und atemberaubende Fahrgeschäfte wie der komplett verrückte Bergwerkszug, der um einen Geisterberg rast, werden dich in ihren Bann ziehen. Aber du kannst dich in Disneyland Park noch in ganz andere Universen beamen lassen, etwa im Rahmen der Star Tours mit 60 verschiedenen Missionen. Jack Sparrow wirst du hier zwar nicht persönlich treffen, aber die Piratenabenteuer machen mega Spaß. Bevor du nach so viel Adventure zusammenbrichst such eines der zahlreichen Themenrestaurants auf. Die Auswahl ist so gigantisch, all-you-can-eat? Snackbar? Schnellrestaurant? Du wirst bestimmt etwas Passendes finden!

Filmfans pilgern natürlich in den Walt Disney Studios Park. Hier bekommst du Einblicke in die Geheimnisse der Produktionen von Disney und Pixar erlebst mega Shows und gigantische Fahrgeschäfte wie den Crush's Coaster, mit dem du zu den Highlights aus dem Film „Findet Nemo" gelangst.

Boulevard de Parc | RER: Marne-la-Vallée/Chessy

SEHENSWERTES OSTEN MIT MARAIS

PARKS

63. CIMETIÈRE PÈRE LACHAISE

Auf jeden Fall mehr als bloß ein Friedhof: Der Père Lachaise ist Ruhestätte vieler ganz großer Frauen und Männer – Schriftsteller, Musiker, Schauspieler, Maler und Politiker –, aber auch ein englischer Garten, in dem du super flanieren kannst, und ein Showroom für die unterschiedlichsten Grabanlagen. Ob gotische Grabstätte, Gewölbe im Haussmann-Stil, uralte Mausoleen … es gibt viel zu entdecken. Wem möchtest du einen Besuch abstatten? Honoré de Balzac, Jean de La Fontaine, Jim Morrison, Edith Piaf, Oscar Wilde, Moliére oder Frédéric Chopin (dessen Herz ist allerdings nach Warschau gebracht worden)? Organisiere dir einen Friedhofsplan und mach dich auf den Weg zu ihren Grabstätten. Das gleicht auf diesem weitläufigen Friedhof jedoch eher einer Wanderung, denn die Anlage erstreckt sich immerhin über 44 ha und hat fast 70 000 Gräber. Lass dich überraschen, ob auf den einzelnen Gräbern frische Blumen oder sonstige Andenken ihrer Fans liegen.

Metro: Père-Lachaise

TIPP
Neue Power geben dir die leckeren Burger, Würstchen, Rillettes und Co. im Yard-Restaurant, das südwestlich vom Friedhof liegt.

64. BOIS DE VINCENNES

Eine Auszeit gefällig? Wie wär's mit einem richtigen Naturerlebnis mitten in der Stadt? Neben dem Bois de Boulogne im Westen (S. 55) ist der fast 10 Quadratkilometer große Bois de Vincennes im Osten der Stadt ein attraktives Naherholungsgebiet für die Pariser und ihre Gäste. Riesige Waldflächen, drei künstliche Seen, ein Blumenpark, der weitläufige, bis 2014 runderneuerte Zoo, ein Modellbauernhof, ein Theater, Sportanlagen – hier kannst du mitten zwischen den Parisern chillen und entspannen. **Nicht mal den Picknickkorb musst du mitbringen – selbstverständlich gibt's auch Restaurants und Cafés.**

Metro: Bastille

> **TIPP**
> Entlang einer ehemaligen Bahnstrecke verläuft die „Coulée verte René-Dumont", eine knapp 5 km lange Grünfläche, die von der Bastille bis fast zum Bois de Vincennes reicht – perfekt für einen idyllischen Spaziergang im Grünen!

OSTEN MIT MARAIS

ESSEN & TRINKEN

65. CAFÉ MERICOURT

Granola-Bowls und Birchermüsli, natürlich aber auch Sandwiches, Pancakes und andere Köstlichkeiten gibt's hier schon ab 9 Uhr zum Brunch – und der geht übrigens bis 15 Uhr! Ab Mittag kannst du dann Shakshuka probieren, das vegetarische Nationalgericht aus Israel: pochiertes Ei in einer würzigen Tomatensauce. Es gibt aber auch Lamm-Foccaccia und andere raffinierte Gerichte. Das wunderbar helle Café mit seinem entspannten Ambiente ist genau richtig für eine gemütliche Pause.

22 Rue de la Folie Méricourt | Metro: Parmentier | www.cafemericourt.com | @cafemericourt

66. PNY BURGER

Ihre Mission: die leckersten Burger des Planeten zu machen. Das hochwertige Rindfleisch kommt von einer Farm im Departement Aisne und der Cheddar direkt aus Sommerset in Großbritannien. In Paris gibt es diverse Filialen, diese hier im Herzen des Marais verblüfft durch ihr Interieur, ganz in Hellblau und Rosa gehalten. Es mutet ein bisschen so an wie ein Diner aus den 1950er-Jahren – nicht nur deshalb eine super Fotolocation. **Die Loaded Fries mit Bacon und Cheddar musst du unbedingt probieren!**

1 Rue Perrée | Metro: Filles du Calvaire | www.pnyburger.com | @pnyburger

67. BISOU

Coole Cocktailbar mit Pink vibes und stylischem Interieur. Die Macher von Bisou möchten, dass du genau den Cocktail bekommst, den du gerade in diesem Moment brauchst. Das Motto ist hier: Service und Kreativität. Das Personal kennt die 200 Flaschen hinter sich quasi auswendig und hat eine Passion entwickelt, geniale Cocktails zu shaken. **Die perfekt inszenierten Drinks sind dabei nicht nur super lecker sondern auch super Motive für dein Insta-Profil.**

15 Boulevard du Temple | Metro: Oberkampf | www.bar-bisou.fr | @bar_bisou

Einfach zum Reinbeißen! Bevor du's tust, lohnt sich ein Foto. Auch die Außenfassade des Restaurants ist cool und eignet sich super für ein Selfie.

Im Bison werden die Cocktails nach deinen Wünschen gemixt. Und nicht nur die Bar ist hier ein Hingucker!

68. LE FOODMARKET

Das absolute Streetfood-Paradies: Rund 20 Stände der verschiedensten Nationalitäten verwöhnen dich an zwei Donnerstagabenden des Monats mit ihren köstlichen Spezialitäten. Wie wäre es mit Tartiflette, Bo-Bun, Poutine oder Couscous? Kannst du dich überhaupt entscheiden? Bestimmt findest du hier auch Bagels, sensationelle Crêpes und Sandwiches.

Blvd. de Belleville zwischen Couronnes und Ménilmontant | Metro: Couronnes oder Ménilmontant | www.lefoodmarket.fr | @lefoodmarket

69. LE BARON ROUGE

In dieser typisch französischen Weinbar fühlst du dich wirklich wie beim Winzer: Tolle alte Weinfässer aus Holz, retro Fliesen am Boden, mega Regale mit vielen Weinflaschen an den Wänden – perfektes Ambiente für ein gemütliches Gläschen, auch gern der edleren Sorte. An der Wand hängen Tafeln, an denen du die Weine und die zugehörigen Preise ablesen kannst. Zu essen gibt's hier Kleinigkeiten wie Rillettes oder Schinken-Käse-Platten mit Gürkchen.

1, Rue Théophile-Roussel | Metro: Ledru-Rollin | www.lebaronrouge.net

70. CAFÉ CHARLOT

Im Charlot erlebst du das wahre Flair der Stadt, denn hier sind auch die Locals zu Gast. Die Atmosphäre ist lebhaft und es gibt immer etwas zu gucken. Zu essen gibt's hier größere Platten, die du dir mit Freunden teilen kannst: Charcuterie, Hummus, Lachs ... Aber auch Salate, Sandwiches, Hamburger und weitere Gerichte stehen auf der Speisekarte. Wenn du dann noch kannst, gönnst du dir ein köstliches Dessert.

38 Rue de Bretagne | www.lecharlot-paris.com | @le_charlot_paris

71. LE PERCHOIR

Wow, diese Filiale von Le Perchoir macht dich sprachlos. Zwar mitten in Paris, aber doch wie in einem üppigen Garten sitzt du hier an großen Tischen und Bänken auf riesigen Terrassen – perfekt zum Fotos machen und posten. Auch der Innenraum ist extrem angenehm mit seinen großen Fenstern – draußen und drinnen gehen hier irgendwie fließend ineinander über. Du bekommst hier Entrées und einige Gerichte sowie Pizza (kommt drauf an, ob du an der Bar bist oder am

OSTEN MIT MARAIS

Tisch). Mindestens genauso lang ist aber die Getränkekarte mit Weinen, Bieren, Cidre, Cocktails und Softgetränken – die perfekte Location für einen gepflegten Drink.

14 Rue Crespin du Gast | Metro: Ménilmontant | www.leperchoir.fr | @leperchoir

72. LUCKY LUCIANO

Ein gewaltiger Mafia-Name, eine Deko wie in einem New Yorker Loft, eine megaköstliche Pizza ganz in der neapolitanischen Tradition mit superfrischen Zutaten: Schinken, Käse, Tomaten, Rucola und was es sonst noch so braucht. Bei Lucky ist der Teig knusprig und der Mozzarella verführt die Geschmacksknospen. Unbedingt noch ein bisschen Platz lassen für die deliziösen Desserts. Mehrere Filialen in Paris.

182 Rue Saint-Martin | Metro: Rambuteau | www.luckylucianopizza.fr | @luckylucianopizza

73. WILD & THE MOON

Lokal & bio, 100 % vegan, kein Plastik, keine Lebensmittelzusätze, handgemacht, nachhaltig und mega gesund: Das ist die Philosophie der Bewegung Wild & The Moon mit mehreren Standorten in Paris. Auf der Karte stehen verschiedene kaltgepresste Säfte, Smoothies, Salate, Suppen, Desserts und Acai Bowls. Die Küche lässt sich von Produkten der Saison und Lieblingszutaten inspirieren und kreiert die tollsten Gerichte. Auch das Interieur ist super beruhigend: viel Holz und grüne Pflanzen, die sich bis an die Decke hochwinden! An schönen Tagen gibt's auch Plätze draußen.

138 Rue Amelot | Metro: Oberkampf | www.wildandthemoon.fr | @wildandthemoon

Im Wild & The Moon liebt man das Leben, die Natur und selbstverständlich das Speisen. Das kannst du an der Karte ablesen, und schmecken kannst du's auch!

BUCKET LIST
Wild & the Moon

Geschlemmt wie Gott in Frankreich?
Kreiere dein eigenes Superfood-Rezept oder beschreibe dein
Lieblingsgericht bei Wild & the Moon inkl. aller Zutaten und
Gewürze, die du schmeckst.

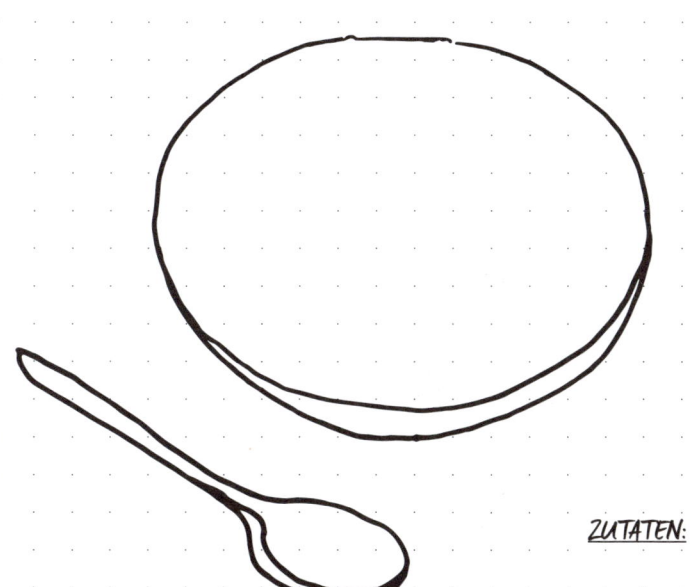

ZUTATEN:

SHOPPING

74. SZENEVIERTEL MARAIS

Das ehemalige jüdische Viertel Marais punktet mit angesagten Mode-Boutiquen und super Concept-Stores. In den zahlreichen Shops findest du tragbare, aber auch ausgefallene Klamotten. Denn auch avantgardistische Modeschöpfer haben hier ihre Shops. Es gibt z. B. den Concept-Store Suite 341. Vielleicht schaust du mal bei Abou d'Abi vorbei, in der Alaia-Boutique oder bei Paule Ka? Wenn du keine Lust mehr auf Klamotten hast, gehst du in einen der Shops für Kunsthandwerk oder Kosmetik oder entspannst gleich in einem der herrlichen Straßencafés.

2 Passage du Maure | Metro: Rambuteau

75. MERCI CONCEPT STORE

Einer meiner absoluten Lieblingsläden. Blumen, edles Interieur, abgefahrene Accessoires, Bücher … in diesem 1500 m² großen, in einem Hinterhof versteckten Laden, finde ich eigentlich immer etwas. **Das Tolle daran: Die Gewinne fließen in einen Hilfsfond, der soziale und ökologische Projekte in Madagaskar unterstützt.** Daher geben auch manche Designer ihre Produkte günstiger an den Shop ab.

111 Boulevard Beaumarchais | Metro: Sébastien-Froissart

76. SEVEN BOYS & GIRLS

Hipper Vintage Shop mit einer Auswahl von Chanel, Fendi, Dior etc. – hier findet man wahre Schätze! Goldene Stiefel, stylishe Ringe, Wahnsinnstaschen, oversized Jacken und Hosen. Ist das auch etwas für dich? Es lohnt sich auf jeden Fall, einen Blick in den Laden zu werfen!

7 Rue du Pont aux Choux | Metro: Sébastien-Froissart

77. LE TAMPOGRAPHE

Ein Atelier, das sich ganz der Stempelkunst verschrieben hat. Stempel? Ist doch analog und Old School! Vielleicht, aber die Stempel sind hier echte, liebevoll in Handarbeit hergestellte Kunstwerke. Und im Ensemble sehen sie einfach toll aus, so wie die Kreationen, die damit entstehen. **Der Laden ist eine Rarität, in der du vielleicht ein schönes und untypisches Mitbringsel erstehen kannst – z. B. einen Stempel mit Kussmund „Parisienne".**

4 Rue du Repos | Metro: Philippe Auguste

Azzedine Alaia Boutique

SHOPPING OSTEN MIT MARAIS

BUCKET LIST
Szeneviertel Marais

Etwas Schönes gefunden? Dann klebe hier ein Etikett, eine Visitenkarte oder einen Kassenzettel vom coolsten Laden ein.

PARIS

Norden

Im Norden von Paris versprüht das berühmte Künstler- und Vergnügungsviertel Montmartre sein Flair mit der Basilika Sacré-Cœur, den steilen Gassen und den efeuüberwucherten Häusern. Zu Füßen des Hügels liegt das Szeneviertel Pigalle mit dem wohl bekanntesten Revuetheater, kleinen Galerien, Läden, angesagten Bars und Restaurants. Eine ruhigere Seite von Paris zeigt sich bei Spaziergängen in den Parks, etwa dem Parc de Villette, und am Canal St-Martin.

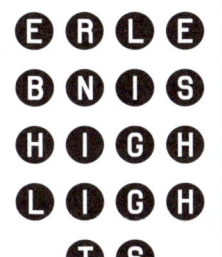

> **PANORAMABLICK VOM MONTMARTRE-HÜGEL**
> **„ICH LIEBE DICH" IN HUNDERTEN SPRACHEN SEHEN**
> **NACHHALTIGKEIT IM LA RECYCLERIE**
> **CHILLEN IN DEN GRÜNEN PARKS**
> ....
> ....
> ....

Moulin Rouge und bunte Häuser. Nostalgie und Wissenschaft

ÜBERSICHTSPLAN NORDEN MIT MONTMARTRE

Norden

SEHENSWERTES

- 78 MONTMARTRE & SACRÉ-CŒUR
- 79 LA MAISON ROSÉ
- 80 RUE LÉPIC
- 81 CANAL SAINT-MARTIN
- 82 SOPI & ABBESSES
- 83 DUPERRÉ PLAYGROUND
- 84 MOULIN ROUGE & ROTLICHT-VIERTEL

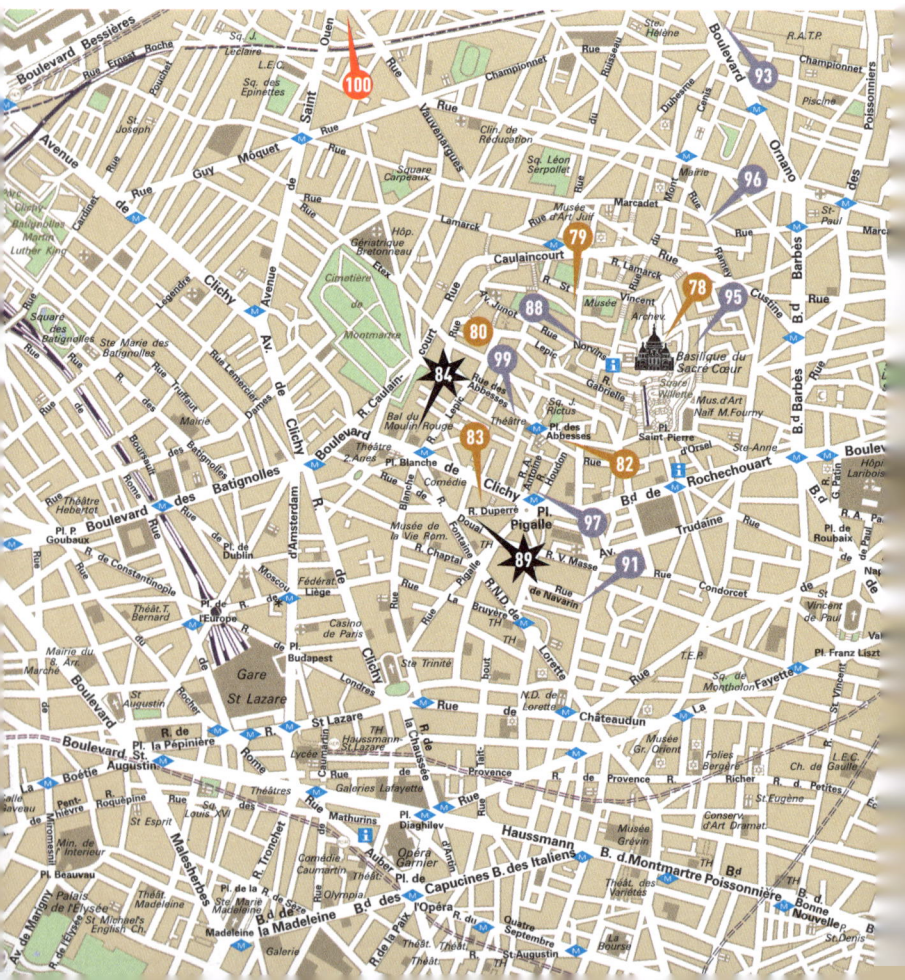

NORDEN MIT MONTMARTRE

- 85 LA VILLETTE & MUSEUM CITÉ DES SCIENCES ET DE L'INDUSTRIE

PARKS
- 86 PARC DE LA VILLETTE & BASSIN DE LA VILLETTE
- 87 PARC DES BUTTES-CHAUMONT

ESSEN & TRINKEN
- 88 LE CONSULAT
- 89 PINK MAMMA
- 90 HOLYBELLY 5
- 91 ROSE BAKERY
- 92 CAFÉ A
- 93 LA RECYCLERIE
- 94 O/HP/E
- 95 THE HARDWARE SOCIÉTÉ
- 96 ABATTOIR VÉGÉTAL
- 97 BOUILLON PIGALLE
- 98 TERMINUS NORD
- 99 LE VRAI PARIS

SHOPPING
- 100 PARIS' GRÖSSTER FLOHMARKT

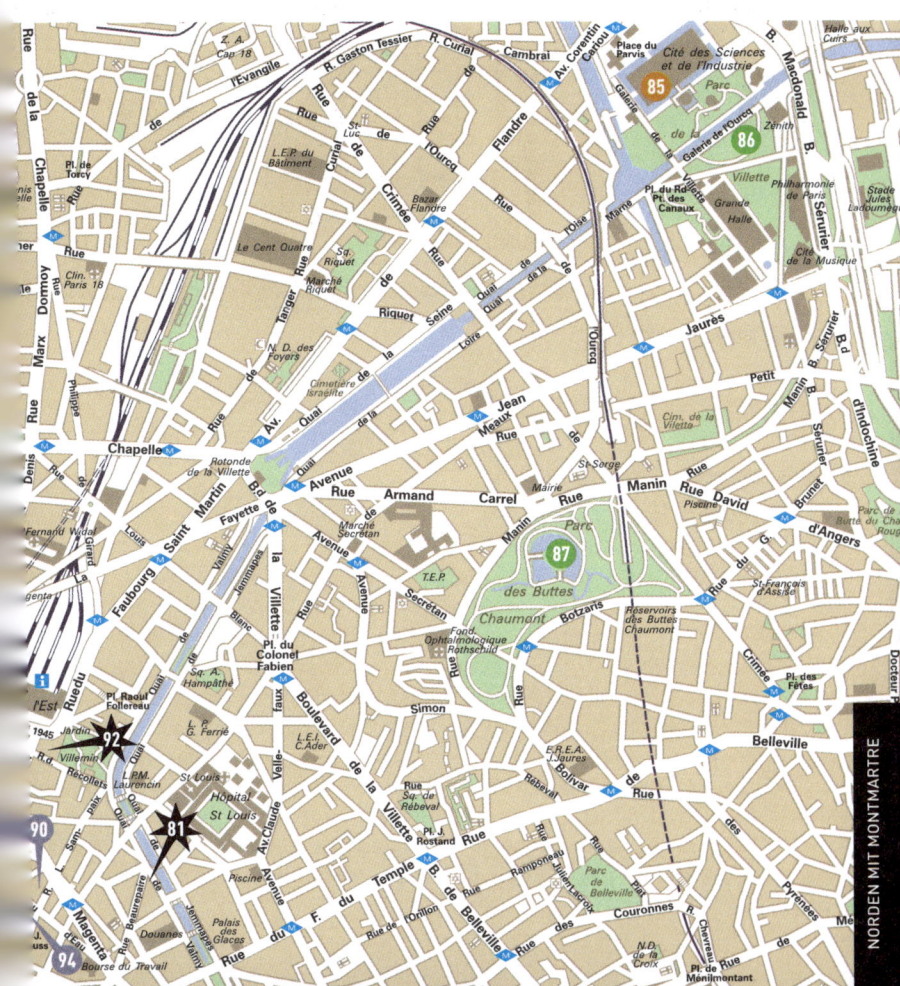

SEHENSWERTES

78. MONTMARTRE & SACRÉ-CŒUR

Montmartre, das 18. Arrondissement, ist das höchstgelegene „Quartier" von Paris. Es wird von der weißen Basilika Sacré-Cœur überragt, die ein Highlight jeder Reise ist – hier bietet sich dir ein beeindruckender Ausblick auf die ganze Stadt! Der Aussichtsturm der Sacré-Cœur eignet sich perfekt für ein tolles Foto. Es gibt aber noch mehr Ecken, von wo aus du die Basilika super in Szene setzen kannst. Unterhalb der Stufen der Basilika steht ein hübsches nostalgisches Karussell, das Carrousel de Saint-Pierre, das deinem Bild einen romantischen Touch verleiht. **Ein witziges Motiv ist das bekannte „Sinking House".** Du musst die Stufen, die zur Sacré-Cœur führen, hochgehen und dich dann nach rechts drehen, um die optische Illusion zu sehen: Es hat den Anschein, als ob das beige-orangefarbene Gebäude in der Erde versinkt bzw. schief steht. Aber nicht nur die Basilika verschafft dir mega Bilder, auch in der Gegend rundum kannst du schöne Fotomotive entdecken, darunter idyllische Ecken und

SEHENSWERTES NORDEN MIT MONTMARTRE

FOTO TIPP

Der ideale Platz, um die Basilika komplett aufs Foto zu bekommen, ist auf den Treppen. Fotografiere am besten ein wenig von unten!

enge Gassen mit Kopfsteinpflaster, in denen früher berühmte Künstler lebten. Noch heute wohnen viele Kreative hier; Maler, Karikaturisten und Porträtisten findest du auf dem nahen Künstlerplatz Place du Tertre. Montmatre ist gezeichnet von kleinen Plätzen, schnuckeligen Häusern mit fast dörflichem Charme, versteckten Weinbergen (Weinfest im Oktober), kleinen Geschäften und typisch französischen Restaurants. **Allen voran das urige Le Refuge, dessen Äußeres ein beliebter Insta-Spot ist.**

35 Rue du Chevalier de la Barre | Station: Metro: Abbesses oder Blanche

> **TIPP**
> Wer keine Lust hat zu laufen, kann mit dem weißen Petit Train de Montmartre ganz entspannt eine Rundfahrt machen und sich den Hügel hochfahren lassen.

Die bunten Häuser in der Rue Crémieux bieten eine tolle Fotokulis à la Notting Hill. Zum Ärger der Anwohner allerdings. Bitte zeig- deshalb Respekt, wenn du dort b-

79. LA MAISON ROSE

Zart rosafarben liegt dieses wunderschöne Haus mit grünen Fensterläden malerisch in einer kleinen Gasse in Montmartre und gilt inzwischen als absolut beliebter Insta-Spot. Entsprechend groß ist hier mitunter der Andrang, und wenn das Restaurant öffnet, hat die Gastronomin ihre liebe Mühe mit den „Models". Um ungestört und ohne viele Menschen im Hintergrund Fotos zu machen, empfehle ich dir deshalb, früh am Tag oder Dienstags (Ruhetag) zu kommen. Plane am besten einen Tag in Montmartre ein und starte bei dem süßen kleinen Restaurant, das übrigens frische, saisonale Produkte auf den Tisch bringt – ein Besuch lohnt also doppelt! **Die beste Position für ein Foto ist die gegenüberliegende Straßenseite, so bekommt man das wunderschöne Häuschen komplett auf's Foto.** Nachdem du ein paar Bilder bei dem bekannten Foto-Spot gemacht hast – vielleicht sogar in einem passenden Outfit –, kannst du von hier anschließend bequem zur Sacré-Cœur oder zu weiteren Sehenswürdigkeiten in Montmartre laufen.

2 Rue de l'Abreuvoir | Station: Metro: Lamarck-Caulaincourt

80. RUE LÉPIC

Für alle Feinschmecker, die die französische Küche und deren Spezialitäten probieren möchten: In der steilen Rue Lépic reihen sich schöne Cafés, kleine Restaurants, Bäckereien und Patisserien aneinander. Und natürlich – nicht zu vergessen – die Spezialitätenhändler mit ihren Fisch-, Wein-, Wurst- und Käseläden. Egal, ob du in einem der Restaurants eine Pause einlegst, Leckeres für zu Hause oder ein Picknick kaufen möchtest, hier wirst du auf jeden Fall fündig. Die steile Straße war übrigens auch Drehort des Kinofilms „Die fabelhafte Welt der Amélie" in dem die Protagonistin im „Café des 2 Moulins" jobbte.

Ich kann in der traditionellen Marktstraße übrigens vor allem das Restaurant Tentazioni empfehlen, die Nudelgerichte sind sagenhaft und super lecker, besonders die Trüffel-Pasta!

Tentazioni: 83 Rue Lepic | Metro: Abbesses

> **TIPP**
> Cabaret, Tanzgarten und Treffpunkt von bekannten Künstlern: Le Moulin de la Galette, eine der letzten erhaltenen Windmühlen von Montmartre, blickt auf eine ereignisreiche Geschichte zurück.

81. CANAL SAINT-MARTIN

Schattige Wege, alte Drehbrücken, Schleusen und Fußgängerstege – der Canal Saint-Martin lädt zu einem malerischen Spaziergang ein, bei dem man das Treiben auf dem Wasser beobachten kann. Oder du machst selbst eine Bootsfahrt auf dem Kanal und lernst so diese Pariser Ecke besser kennen! Besonders bei schönem Wetter ist hier einiges los, aber die Sonne muss man auch ausnutzen und das bedeutet: Zeit für ein Picknick! Schnapp dir eine große Picknickdecke und einen Korb – den füllst du entweder randvoll mit Leckereien aus einer der Bäckereien wie der „Du Pain et des Ideés" oder du besorgst schnell alles Nötige in einem Supermarkt oder der Rue Lepic. Apropos Einkaufen: Das Viertel ist in letzter Zeit immer beliebter geworden, zahlreiche Boutiquen wurden eröffnet, genau wie viele Cafés, Bars und Clubs. Die Einheimischen lockt es zurecht in diese Szene, und du bist bei deinem Picknick am Wasser bis spät in den Abend sicher nicht allein, besonders an schönen Sommertagen.

Metro: Jacques Bonsergent

TIPP

Die etwas versteckt beim Canal Saint-Martin liegende Bar Le Comptoir Général versprüht mit ihrem Shabby-Chic-Look und den Pflanzen ein exotisches Flair.

SEHENSWERTES NORDEN MIT MONTMARTRE

BUCKET LIST
Canal Saint-Martin

Entspann dich am Ufer des Kanals und lass deinen Gedanken freien Lauf... Dichte etwas, zeichne das tolle Setting oder male die Wolken ab.

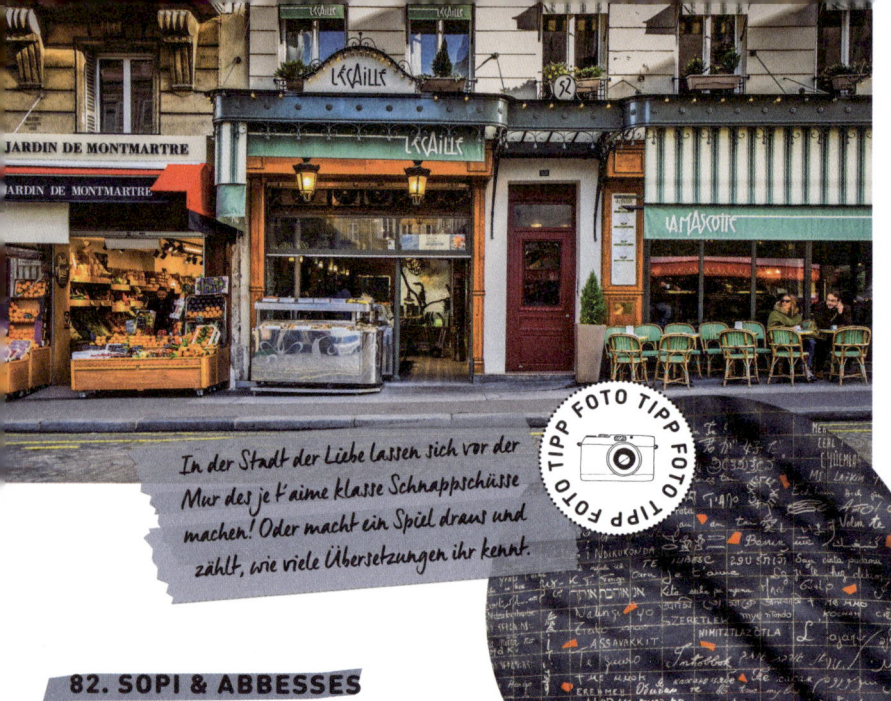

In der Stadt der Liebe lassen sich vor der Mur des je t'aime klasse Schnappschüsse machen! Oder macht ein Spiel draus und zählt, wie viele Übersetzungen ihr kennt.

FOTO TIPP

82. SOPI & ABBESSES

Der Stadtteil Abbesses hat sich in den letzten Jahren zum trendigen Teil Montmartres entwickelt, mit vielen coolen Bars, Weinlokalen & Restaurants. Da die Straßen in Montmartre eher schmal sind, ist es hier verkehrstechnisch verhältnismäßig ruhig, dafür aber umso lebendiger durch Touristen und Pariser. Diese genießen das Leben, schlendern durch die Gassen und trinken Wein in Restaurants. Hier kommt Urlaubsfeeling auf! Das gesamte Viertel ist sehenswert und ich liebe das künstlerische, hippe Flair der kleinen Straßen. In Richtung Süden, etwa ab den Metrostationen Blanche und Pigalle, kommt ein ebenso angesagtes Viertel: In SoPi, also im südlichen Pigalle, gibt es zwar nicht die typischen Touristenattraktionen, dafür lässt es sich hier gut shoppen. Zahlreiche Modeboutiquen und Concept Stores warten auf dich, während du an hübschen Haussmann-Fassaden und kleinen Restaurants vorbeiläufst. Abends kannst du hier dann so richtig ins Nachtleben eintauchen.

> **TIPP**
> Ein Kunstwerk an der Place des Abbesses: Auf der 40 m² großen Wand „Mur des je t'aime" steht „Ich liebe dich" in über 250 Sprachen.

Place des Abbesses | Metro: Pigalle

Egal, aus welchem Winkel du fotografierst – hier entstehen überall spannende und farbenfrohe Bilder!

83. DUPERRÉ PLAYGROUND

Hört sich vielleicht im ersten Moment ungewöhnlich an, aber dieser Basketballcourt in der Rue Duperré ist ein To-Do auf deiner Foto-Hotspot-Liste. Wenn du dort ankommst, weißt du auch warum: Er ist der schönste, beliebteste und auffälligste Basketballplatz von ganz Paris! Eingezwängt zwischen zwei Gebäuden erstrahlt er in knalligem Pink, Blau und Gelb-Orange. Die kräftigen Farben sind in grafischen Linien und Effekten wie in der Trompe-l'oeil-Malerei angeordnet.

Gestaltet wurde der futuristische Platz 2017 von der Designagentur Ill-Studio und Stephane Ashpool, dem Gründer der Streetwear-Marke Pigalle, in Zusammenarbeit mit Nike. Schon zuvor wurde der Basketballplatz umdesignt und bekam dafür sogar eine Auszeichnung verliehen. **Heute kommen deshalb nicht nur Sportler, sondern auch Fotografen gerne zu diesem bunten Basketballplatz, um sich szenisch auszutoben.**

22 Rue Duperré | Metro: Pigalle

84. MOULIN ROUGE & ROTLICHTVIERTEL

Die Moulin-Rouge-Windmühle ist neben dem Eiffelturm wohl das bekannteste Wahrzeichen von Paris, nicht nur deshalb eignet sie sich perfekt als Fotokulisse! **Egal, ob tagsüber oder nachts, du kannst hier immer ein gutes Foto machen; am besten gehst du dafür auf die andere Straßenseite.** In der berühmten roten Mühle, die 1889 eröffnet wurde und in der der Cancan erfunden wurde, werden noch immer glamouröse Revuen aufgeführt, die besonders gern von Touristen besucht werden.

Das weltbekannte Varieté befindet sich am Fuß des Montmartre im Vergnügungsviertel Pigalle, das früher ein Rotlichtbezirk war und sehr beliebt ist. Abends kann man super durchs Viertel schlendern. Es gibt Bars und Pubs, in denen Live-Musik gespielt wird und Karaoke gesungen werden kann. Und natürlich gibt es auch noch die eine oder andere verruchte Ecke, in der es heißt „Voulez-vous coucher avec moi…"

82 Boulevard de Clichy | Metro: Blanche

SEHENSWERTES NORDEN MIT MONTMARTRE

BUCKET LIST
Moulin Rouge

Uhh lala... Mach mal etwas, das du noch nie getan hast, und kleb' den Schnappschuss hier ein (oder auch nicht :)

Uhh lala!

85. LA VILLETTE & MUSEUM CITÉ DES SCIENCES ET DE L'INDUSTRIE

Das frühere Arbeiter- und Industrieviertel La Villette liegt im Nordosten von Paris und wird in letzter Zeit immer trendiger. Besonders eine Attraktion sticht in dieser charmanten Gegend hervor: das interaktive, große Naturwissenschaftsmuseum Cité des sciences et de l'industrie im Parc de la Villette, in dem die Besucher sogar selbst Experimente durchführen dürfen. Hier findest du unter anderem einen Flugsimulator, ein Odorama, Gewächshäuser, ein Planetarium und und und. **In der La Géode, einer riesigen Stahlkugel, kannst du dir naturwissenschaftliche Filme anschauen – auf einer 180°-Leinwand mit einer Fläche von 1000 m²!** Wer hier also ein langweiliges Museum vermutet, der irrt.

30 Avenue Corentin Cariou | Metro: Porte de la Villette

PARKS

86. PARC DE LA VILLETTE & BASSIN DE LA VILLETTE

Im 35 ha großen Parc de la Villette kannst du dir nicht nur deine Portion Erholung abholen, sondern auch jede Menge unternehmen. Es gibt Themengärten, einen „kinematografischen Spazierweg", ein U-Boot aus den 1950er Jahren, Irrgärten und die knallroten, würfelförmigen „Folies" mit Cafés und Infoschaltern.

Mit 800 m Länge und einer Breite von 70 m ist das Bassin de la Villette das größte künstliche Gewässer in Paris, und das spiegelt sich auch in den zahlreichen Aktivitäten drumherum: Du kannst am Ufer entlangspazieren, Rad fahren, picknicken, zur klassizistischen Rotonde laufen, Eis essen und im Sommer sogar schwimmen, denn dann ist das Freibad auf dem Bassin geöffnet. **Oder wie wär's mit einer Runde Boule, dem typisch französischen Kugelspiel? Kostenlose Leihkugeln gibt es in der Bar de l'Ourcq.** Und das ist längst noch nicht alles: Erstklssige Events, also Konzerte, Theateraufführungen und ein Freiluftkino-Festival, runden das Ganze ab.

Metro: Porte de la Villette

> **TIPP**
> Paris kannst du auch vom Wasser aus erkunden, zum Beispiel bei einer Bootsfahrt ab dem Parc de la Villette. Wer möchte, leiht sich ein Elektro- oder Tretboot.

87. PARC DES BUTTES-CHAUMONT

Der Parc des Buttes-Chaumont im Nordosten von Paris punktet mit seiner Originalität: Er wurde auf einem früheren Steinbruch errichtet, weshalb er heute noch immer recht hügelig ist und die Liegewiesen abschüssig sind. Außerdem warten in der 25 ha großen Grünanlage steile Felsen, eine Hängebrücke, Pavillons und eine stillgelegte Bahntrasse. Über einen See mit einer Insel wacht der Sibyllentempel, in einer künstlich angelegten Grotte verbirgt sich ein Wasserfall, einheimische und exotische Pflanzen begrünen den schönen Park im englischen Stil. Jogger, Spaziergänger, Skater, Familien mit Kindern und Pärchen tummeln sich in diesem vielseitigen Landschaftsgarten, der zu den größten Grünflächen der französischen Hauptstadt gehört. **Und von hier bieten sich dir wunderbare Ausblicke auf Paris und vor allem Montmartre!**

2 Av. de la Cascade | Metro: Buttes-Chaumont

> TIPP
>
> Die trendige Bar Rosa Bonheur in einem Pavillon im Parc des Buttes-Chaumont ist sehr beliebt, vor allem abends wird es hier voll. Alternativ kommst du einfach schon nachmittags her!

Das kleine Restaurant eignet sich perfekt als Foto-Spot. Komm am besten frühmorgens und unter der Woche. Dann ist der Spot nahezu menschenleer.

FOTO TIPP

ESSEN & TRINKEN

88. LE CONSULAT

Mitten in Montmartre liegt ein winziges, süßes Café und Restaurant, das Charme und einen Hauch von Vintage versprüht: Le Consulat heißt es, Künstler wie Pablo Picasso, Maurice Utrillo und Henri de Toulouse-Lautrec speisten schon hier. Es ist also schon sehr lange da und daher auch in einem der ältesten Häuser des Viertels untergebracht. Es sieht gleich von außen mit seinem roten Schriftzug, dem Kopfsteinpflaster in den Straßen drum herum und den Stühlen auf der sonnigen Terrasse wirklich schnuckelig aus, oder? Auch die Karte wird dich überzeugen: leckere, gute Speisen, meist französische Küche, die typischen Weine und zahlreiche andere Getränke stehen darauf.

Es kann in dem reizenden historischen Café leider recht voll werden. Wenn du also einen guten Tisch möchtest, solltest du dem Consulat wochentags und unbedingt früh einen Besuch abstatten. Bei schönem Wetter ist es außerdem einfach herrlich, draußen auf der Terrasse zu sitzen, einen Kaffee zu trinken und die Leute zu beobachten.

18 Rue Norvins | Metro: Abbesses

NORDEN MIT MONTMARTRE

Cooles Treppenhaus und kreatives Interieur auf vier Etagen! Dazu noch super leckeres und fotogenes Soul-Food – was will man mehr?!

FOTO TIPP

89. PINK MAMMA

Jetzt wird es in Frankreichs Hauptstadt italienisch! In der Trattoria Pink Mamma kommt nämlich authentisches italienisches Essen auf den Tisch. Aber nicht nur die Antipasti, die Pizzen, das gegrillte Fleisch und die Pasta sind super, auch die Einrichtung ist ein Highlight. Das stylishe Design zieht sich durch alle vier Etagen, die individuell gestaltet wurden: mit coolem Interieur, abgestimmten Farben und vielen Pflanzen. **Besonders die Dachterrasse und das wunderschöne Treppenhaus mit den zahlreichen Bilderrahmen fallen dabei ins Auge. Um im Letzteren Fotos zu machen, stehen die Leute sogar mal Schlange.** Sowieso kann es hier voll werden, weshalb du reservieren oder Geduld fürs Anstehen mitbringen solltest. Aber selbst diese Wartezeit kannst du nutzen und ein Foto von dem pinkfarbenen, efeuüberwucherten Gebäude machen – und wenn du dann drin bist, geht's direkt mit Bildern oder Storys von den instagramtauglichen Gerichten, dem Treppenhaus oder dem Einrichtungsmix aus Schick und Rustikal weiter!

20bis Rue de Douai | Metro: Pigalle | www.bigmammagroup.com/en/trattorias/pink-mamma | @pinkmamma_paris

90. HOLYBELLY 5

Für ein legendäres Frühstück und eine duftende Tasse Kaffee bist du im Holybelly 5 genau richtig! Die Franzosen Sarah Mouchot und Nico Alary lernten die Frühstücks- und Kaffeeszene in Australien kennen und brachten ihre Erfahrungen ein, als sie 2013 ihr Café in Paris eröffneten. Probiere unbedingt die Pancakes (die „Sweet Stack Pancakes" mit Sahne und Früchten), es sind die Besten, die ich je gegessen habe! Super lecker und fluffig. Es gibt auch eine herzhafte Variante mit Eiern und Bacon. **Außerdem mag ich das coole Flair im Restaurant!**

BUCKET LIST
Pink Mamma

Gestalte diese Seite in Pink – ob du etwas malst, etwas Rosafarbenes einklebst oder ein Foto von dir im Pink Mamma, ist völlig egal.

Kuba-Flair im Café A

Da die Leute das Holybelly lieben, solltest du eher unter der Woche zum Frühstücken herkommen oder zu ungewöhnlichen Uhrzeiten. Der Laden hat jeden Tag bis 17 Uhr geöffnet (Bestellungen werden nur bis 16 Uhr angenommen), und es gibt noch eine zweite Filiale, das kleinere Holybelly 19 (19 Rue Lucien Sampaix), etwas weiter die Straße hinunter. Reservierungen sind übrigens nicht möglich.

5 Rue Lucien Sampaix | Metro: Jacques Bonsergent | www.holybellycafe.com | @holybellycafe

91. ROSE BAKERY

Von der Rose Bakery gibt es neben dieser hier noch mehrere Filialen in der Stadt; ein Laden liegt zum Beispiel nur zehn Minuten vom Museum entfernt in der Rue des Martyrs in SoPi, ein anderer befindet sich im Kaufhaus Bon Marché. **Alle sind sehenswert, und man bekommt hier sehr leckere (glutenfreie) Tartelettes (Schokolade ist mein Favorit!).** Es gibt dort aber auch eine große Auswahl an frisch gebackenen Kuchen, perfekt für einen kurzen Stopp mit Kaffee, sowie Gebäck nach britischer Art. Mittags kann man außerdem saisonale, vegetarische Speisen wie Salate und Suppen kaufen. Die englisch-französischen Inhaber verwenden vor allem Zutaten aus biologischem Anbau, die von regionalen Produzenten hergestellt werden.

1 Rue de Navarin | Metro: Saint-Georges | www.rosebakery.fr | @rosebakeryparis

92. CAFÉ A

Kuba-Flair neben dem Gare de l'Est versprüht das einmalige Café A mit weitläufiger Terrasse und angrenzendem Garten – ein super angenehmer Ort an schönen Tagen. **Im Café A geht es warmherzig und friedlich zu, man trinkt Mojitos und lauscht kubanischen Klängen.** Entspanne dich bei einem ausgedehnten Weekend Brunch oder leckeren Vegi- und Fleischgerichten wie Quinoa Bowl, Lammburger, Black Veggie Burger oder Croque Monsieur. Auch die Desserts können

> TIPP
> Im Garten des Musée de la Vie Romantique lädt der gläserne Teesalon Rose Bakery im 6. Arrodisment zu einer Pause ein.

ESSEN & TRINKEN NORDEN MIT MONTMARTRE

BUCKET LIST
Café A

Den besten Mojito der Stadt genossen? Beschreibe ihn mal ... oder versuche dich an der perfekten Rezeptur.

sich sehen lassen. Vielleicht hast du Glück und es findet am Abend im Café ein Konzert statt – die Location lässt jedenfalls einiges zu.

148, Rue du Faubourg Saint-Martin | Metro: Gare d l'Est | www.cafea.fr | @cafeapics

93. LA RECYCLERIE

In diesem beliebten Café-Restaurant kommen hauptsächlich vegetarische Gerichte mit frischen lokalen Zutaten auf den Tisch. Das Gemüse und die Kräuter stammen von der dazugehörigen Urban Farm. Das La Recyclerie ist nämlich vieles in einem: Kulturzentrum, Café, Veranstaltungsort, Bauernhof, Reparaturwerkstatt und Recycling-Kooperative – alles unter dem Motto „Réduire, réutiliser, recycler" (reduzieren, wiederverwerten, recyclen). So werden auch Upcycling-, Reparatur- und Bastel-Workshops angeboten, Events wie Flohmärkte, Tauschpartys und Debatten finden statt, und Bio-Produkte stehen zum Verkauf. Wer diesen grünen, zwanglosen Mix erleben möchte, kann für einen Kaffee, zum Brunch oder zum Abendessen herkommen und entspannt die Zeit in diesem ehemaligen Bahnhof im Vintage-Stil mit der großen Glasfront, einem hohen Bücher-

FOTO TIPP

Egal, ob Glasfront, Pflanzen oder einer der zusammengewürfelten Stühle – hier findest du bestimmt ein originelles Motiv für deinen nächsten Post.

schrank, Topfpflanzen und Sofas genießen. Bei gutem Wetter lässt es sich auch wunderbar an den Tischen draußen entlang der Gleise sitzen.

83 Boulevard Ornano | Metro: Porte de Clignancourt | www.larecyclerie.com | @larecyclerie

94. O/HP/E

O/HP/E steht für „Objets, Homemade Pâtisserie, Épicerie" und ist genau das. In dem minimalistischen Concept Store, der bezaubernd skandinavisch anmutet, kannst du jede Menge schöne Dinge shoppen, etwa Keramiksachen, Geschirr, Kerzen, Geschenkartikel, Kosmetika und Accessoires. Und da es eben auch eine Épicerie ist, also ein Lebensmittelgeschäft, gibt es außerdem hochwertige Gourmetprodukte wie Granola, Oliven und Schokolade. Wenn du dann vom Shoppen genug hast oder nur einen Kaffee trinken möchtest, setzt du dich im vorderen Teil des Ladens hin und probierst die leckeren Backwaren. Wie wäre es mit einem hausgemachten Törtchen, einem Cookie oder einem Croissant?

7 Rue du Château d'Eau | Metro: Jacques Bonsergent | www.facebook.com/ohpeparis10 | @ohpeparis10

95. THE HARDWARE SOCIÉTÉ

Wo bekommst du richtig guten Kaffee? Genau hier in dem kleinen, entspannten Café, das mit seiner Slayer-Espressomaschine angeben kann! Der Ableger des Hardware Société in Melbourne befindet sich zwar in der Nähe von Sacré-Cœur, liegt aber nicht mitten im Touristengeschehen (voll kann es leider trotzdem werden). Es bietet sich super für eine Pause vom Sightseeing an oder als Start in den Tag: Das beliebte Café mit dem schwarz-weißen Fußboden, der Schmetterlingstapete an der Wand und den kleinen Marmortischen hat nämlich ein tolles Frühstücks- und Brunchangebot! Auf der Instagramseite des Cafés siehst du eine Auswahl, bei der dir sofort der Magen knurren wird.

10 Rue Lamarck | Metro: Château Rouge | www.hardwaresociete.com | @hardwaresocieteparis

96. ABATTOIR VÉGÉTAL

Der Name des Restaurants klingt im ersten Moment widersprüchlich: „Abattoir" heißt übersetzt Schlachthof, „Végétal" pflanzlich. Aber eigentlich passt er durchaus. Denn früher war dieser Laden eine Metzgerei, heute ist er ein veganes Bistro, also eine „Pflanzenschlachterei". So finden sich neben veganen Speisen auch vegetarische und glutenfreie Gerichte auf der Speisekarte, die recht übersichtlich ist. Dafür legt das Abattoir Végétal aber auch viel Wert auf Bio-Qualität, frisches Obst und Gemüse und saisonale Küche. Lecker sind hier außerdem die Säfte und das Craft Bier, die du zu Falafelburgern, Süßkartoffel-Pommes, Pancakes, Suppen & Co. bestellen kannst. Alle Gerichte sind kreativ angerichtet, auch die Einrichtung ist sehr stilvoll – sie wird dir gefallen! Innen wirkt alles hell und einladend, mit von der Decke hängenden Pflanzen, Glühbirnen und dezenten Farbakzenten; draußen stehen mintfarbene Stühle und Tische.

61 Rue Ramey | Metro: Jules Joffrin | www.abattoirvegetal.com | @abattoirvegetal

97. BOUILLON PIGALLE

Diese Location versprüht pure Nostalgie und einen Hauch von Retro. Und das kann man schon am Namen erkennen: Im 19. Jahrhundert war ein „Bouillon" eine Art Arbeiterkantine, in der man schnell sehr preiswerte Gerichte bekam. Nachdem diese Lokale lange Zeit verschwunden waren, erleben sie nun wieder einen Hype – und das Bouillon Pigalle ist ganz vorn mit dabei. **Hier erwartet dich ein einfaches, aber gutes Essen, und das zu einem so günstigen Preis, wie man ihn fast nirgendwo in Paris bekommt.** Für eine Vorspeise bezahlt man meist weniger als fünf Euro, ein Drei-Gänge-Menue kostet 20 Euro. Zur Auswahl stehen französische Klassiker, etwa Schnecken, Eier mit Mayonnaise, Tartare de Bœuf mit Pommes und Éclair au Chocolat.

Es geht laut zu in diesem modernen, riesengroßen Bouillon, in dem Sitzbänke in rotem Kunstleder mit hellem Naturholz und weißen Tischdecken kombiniert werden. Man kann hier leider keinen Platz reservieren; stell dich also darauf ein, dass du in der Schlange warten musst, wenn du zu beliebten Essenszeiten einen Tisch auf der Terrasse haben möchtest. Da das Bouillon Pigalle aber täglich durchgängig von 12 bis 24 Uhr geöffnet hat, wirst du bald das besondere Flair des traditionellen Lokals erleben können.

22 Boulevard de Clichy | Metro: Pigalle | www.bouillonpigalle.com | @bouillonpigalle

98. TERMINUS NORD

Eine traditionelle Pariser Brasserie findest du gegenüber dem Bahnhof Gare du Nord. Dementsprechend wimmelt es hier von Reisenden, Geschäftsleuten und Menschen, die sich von ihren Liebsten verabschieden oder sie willkommen heißen. Trotzdem eignet sich das Terminus Nord auch für einen romantischen Abend und für alle Food-Liebhaber. Typische Gerichte aus ganz Frankreich können hier bestellt werden, zum Beispiel Bouillabaisse, Muscheln und Crêpes Suzette. Die Portionen sind üppig, lecker und von guter Qualität, die Weine und das Bier hervorragend! Ein weiterer Vorteil der Brasserie mit den Verzierungen aus den 1920er-Jahren: Sie hat lange Öffnungszeiten. **Das große Café-Restaurant öffnet früh zum Frühstück und schließt um etwa 1 Uhr nachts.**

23 Rue de Dunkerque | Metro: Gare du nord | www.terminusnord.com | @terminusnordbrasserie

99. LE VRAI PARIS

Direkt in der Nähe der Mur des j't'aime befindet sich das „wahre Paris in der Rue des Abbesses. Das bezaubernde französische Bistro mit der Namen „Le Vrai Paris" – wohl ei

FOTO TIPP

Für ein schönes Foto von Le Vrai mit der Blumenfassade eignen sich die gegenüberliegende Straßenseite und der Zebrastreifen am besten als Position, um das Café perfekt abzubilden.

Marketinggag, aber wer weiß … – fällt gleich ins Auge: Blumen und Reben ranken sich an der Häuserwand entlang und rund um den Schriftzug des Cafés, der nachts zauberhaft leuchtet. Die Außenfassade mit der wunderschönen Blumenranke eignet sich perfekt für ein Foto!

Innen wird dann typisch französische Küche serviert. Auf der Speisekarte stehen unter anderem Zwiebelsuppe, Schnecken und Mousse au Chocolat, aber auch Burger, Cocktails und selbstverständlich Kaffee kannst du hier bestellen. An sonnigen, warmen Tagen lädt die recht große Außenterrasse mit netten Tischchen zum Entspannen ein, während drinnen vieles in Gelb gehalten ist, wie etwa die Zitate von berühmten Autoren an der Wand. Besuche das kleine Café und finde selbst heraus, ob man hier das „vrai", also das wahre Paris erleben kann!

33 Rue des Abbesses | Metro: Abbesses | www.levraiparis-bistrot.com | @levraiparisbistrot

SHOPPING

100. PARIS' GRÖSSTER FLOHMARKT

Bunt und riesig! Der Marché aux Puces de Saint-Ouen an der Porte de Clignancourt ist ein unglaublich großer Flohmarkt und umfasst 15 Teilmärkte, auf denen insgesamt ca. 2000 bis 3000 Händler ihre Sachen verkaufen. Hier kannst du ewig stöbern und wirst garantiert fündig – egal, was du suchst: Klamotten, Schmuck, Souvenirs für zu Hause, Porzellan, Möbelstücke, Fake-Handtaschen, Musikinstrumente, Deko, Bücher, Antiquitäten… Alles wird hier angeboten, und feilschen kann sich mitunter richtig lohnen!

Wer zwischendurch Hunger bekommt – immerhin musst du etwa 15 km laufen, wenn du alle Märkte abklappern möchtest –, kann sich in einem der

Spielzeug, Teppiche, Klamotten, Kunst ... Stürze dich einfach ins Getümmel! Hier lässt sich sicher das eine oder andere Schnäppchen ergattern.

Restaurants stärken. **Das bekannte Bistro „Chez Louisette" auf dem Marché Vernaison hat neben Leckereien auch Livemusik zu bieten.**

Der Flohmarkt findet übrigens am Wochenende statt und hat offiziell auch montags geöffnet, allerdings ist dann etwa die Hälfte der Händler nicht mehr da.

Porte de Clignancourt | Metro: Porte de Clignancourt

PARTYGUIDE Paris

Hinein ins Nachtleben! Aber wohin genau? Kaum irgendwo auf der Welt könnte die Qual der Wahl größer sein als in Paris. An jeder Ecke gibt es coole Clubs und Locations, die zum Tanzen und Feiern einladen.

REX CLUB
>> ELEKTRO

Seit den späten 1980er Jahren dreht sich im Rex Club alles rund um Techno & House; mittlerweile ist er eine DER Anlaufstellen der Szene. Diverse Lounges und jede Menge Sitzmöglichkeiten erstrecken sich rund um eine riesige Tanzfläche, über die du direkt zur Bar gelangst. Der Club überzeugt aber vor allem mit seinem grandiosen Soundsystem und Line-Up – jede Woche spielen hier national und international erfolgreiche DJs.

Zentrum | 5 Boulevard Poissonnière | www.rexclub.com | Métro: Grands Boulevards | @rexclub

VON MITTWOCH BIS SAMSTAG GEÖFFNET

LA MACHINE DU MOULIN ROUGE
>> ELEKTRO

Der Club gehört seit 2010 zum berühmten Kabarett Moulin Rouge. Er besteht aus drei Bereichen: der größte Raum, eine Art Konzerthalle, bietet Platz für ca. 800 Personen, während man im umgebauten ehemaligen Keller in kleinerer Runde mit bis zu 400 Personen zu den unterschiedlichsten Musikrichtungen abfeiern kann. Wer es ruhiger mag, gönnt sich in der Bar à Bulles gemütlich einen Cocktail. Gelegentlich finden hier auch coole Themenabende und Motto-Partys statt.

Norden | 90 Boulevard de Clichy | www.lamachinedumoulinrouge.com | Métro: Blanche und Place de Clichy | @lamachineparis

WANDERLUST
> ELEKTRO, DIVERS

Im Restaurant des Wanderlust werden tagsüber ausgefallenes Street Food und Pizza serviert – bei Einbruch der Dunkelheit aber verwandelt sich das Wanderlust in eine Bar bzw. in einen Club, in dem hauptsächlich Elektro gespielt wird. Viele Pariser kommen auch direkt nach der Arbeit hierher, um den Tag auf der Terrasse mit einem Cocktail und bestem Ausblick auf die Seine ausklingen zu lassen.

Süden | 32 quai d'Austerlitz | www.wanderlust-paris.com | Métro: Quai de la Gare | @wanderlustparis

AM UFER DER SEINE!

YOYO
>> ELEKTRO, R&B
Im Kunstmuseum Palais de Tokyo, versteckt in den alten Räumlichkeiten der Cinémathèque Française, veranstaltet das YOYO die verschiedensten Events: Konzerte, Clubabende, Filmvorstellungen und sogar Modenschauen. Die Räumlichkeiten bieten Platz für bis zu 1000 Leute (Steh- und Sitzplätze). Zusätzlich hat das YOYO zwei Vorführungssäle, das Madame Cinéma und Mademoiselle Cinéma, in denen 25 bzw. 60 Personen Platz finden.

Westen | 13 Avenue du Président Wilson | www.yoyo-paris.com | Métro: Iéna | @yoyopalaisdetokyo

SUPERCOOLE LOCATION!

IM QUIRLIGEN VIERTEL BASTILLE

BADABOUM
>> ELEKTRO, HIP-HOP
Restaurant, Konzertsaal, Club – das Badaboum ist alles. Im Konzertsaal finden die unterschiedlichsten Veranstaltungen statt; egal welche Musikrichtung – hier können sich Künstler aus aller Welt frei entfalten. Der Badaboum Club mit fantastischer Soundanlage (die vor allem Disco und House erklingen lässt) und überragender Lightshow steht bei Nachtschwärmern hoch im Kurs. Verschnaufen kannst du in der Cocktail-Bar, Fingerfood gibt's hier auch.

Osten | 2 Rue des Taillandiers | www.badaboum.paris | Métro: Ledru Rollin | @badaboum.paris

LE CARMEN
>> HIP-HOP, R&B
Im Le Carmen kann man in einem umwerfenden Ambiente eine unvergessliche Nacht erleben. Die Location befindet sich in einem denkmalgeschützten Haus mit hohen Decken, Holzvertäfelungen, Säulen und jeder Menge Stuck. Die DJs bieten ein vielfältiges Musikprogramm und Cocktails gibt es hier ebenfalls in den unterschiedlichsten Variationen – den hauseigenen Gin sollte man sich in keinem Fall entgehen lassen!

Norden | 34 Rue Duperré | www.le-carmen.fr | Métro: Pigalle | @lecarmen_paris

HIER SOLL GEORGE BIZET GEWOHNT HABEN

FREILUFTKONZERTE, MITMACHPROJEKTE …

LE PETIT BAIN
›› DIVERS

Direkt am Ufer der Seine schwimmt das Le Petit Bain, hier gibt es einen Vorführungssaal, ein Restaurant sowie eine große Terrasse – also genug Platz für Workshops und Konzerte jeglicher Art. Vor allem im Sommer lässt es sich auf der Terrasse zwischen unzähligen Badewannen, die mit Pflanzen gefüllt sind, und unter einem Meer an Lichterketten bei gemütlichen Beats die Nacht genießen.

Süden | 7 Port de la Gare | www.petitbain.org | Métro: Quai de la Gare | @petitbain

FAVELA CHIC
›› LATIN, BRASILIANISCH

Das Favela Chic entführt dich mitten in Paris sowohl musikalisch und kulinarisch als auch vom Ambiente her direkt nach Brasilien. Serviert werden exotische Gerichte unter Palmen. Ab dem späten Abend kann dann zu vorwiegend Latino- und Retrosounds die Hüfte geschwungen werden. Oder man genießt einfach nur exotische Cocktails und die einzigartige Atmosphäre.

Norden | 18 Rue du Faubourg du Temple | www.favelachic.com | Métro: République | @favelachicparis

BRASILIANISCHE KÜCHE

LE GIBUS
›› GAY, HIP-HOP, HOUSE

In der Nähe der Place de la République können sich vor allem Anhänger der LGBTQ+- Community (hauptsächlich Männer) zu RnB, Pop oder House den Sounds der Nacht hingeben – im Gibus ist jeder willkommen! Das junge und motivierte Team des Clubs tut alles, um den Clubbern ein unvergessliches Partyerlebnis zu bescheren und DJs aus aller Welt sorgen für ausgelassene Stimmung.

Norden | 18 Rue du Faubourg du Temple | www.gibus.fr | Métro: République | @gibusclub

LGBTQ

24-HOUR FOOD
LE TAMBOUR

Für einen perfekten Ausklang der Nacht sorgt dieses rustikale, aber vor allem authentisch französische Restaurant. Traditionelle Gerichte zu fairen Preisen!

41 Rue Montmartre | Métro: Sentier und Etienne Marcel

DJOON
›› ELEKTRO

Wer zu Soul- und Afro-House die Seele baumeln lassen will, der ist im Djoon – persisch für „Seele" – genau richtig. In den letzten fast 20 Jahren hat sich der Club, der im Stil eines New Yorker Lofts gebaut ist, in der Szene einen Namen gemacht. Kein Wunder, dass er bekannte Künstler wie Lil'Louis, Kerri Chandler oder Black Coffee in die Seine-Metropole gelockt hat.

Süden | 22 Boulevard Vincent Auriol | www.djoon.com | Métro: Quai de la Gare | @djoonclub

VIP ROOM

>> HIP-HOP

Einer der wohl exklusivsten und bekanntesten Hip-Hop-Clubs in Paris, in dem sich auch gerne prominente Personen tummeln – unter anderem hat 50 Cent hier bereits eine Aftershowparty veranstaltet. Die Räumlichkeiten glänzen mit futuristischem Design und es gibt eine Menge an Lounges und Tischen, die vorab reserviert werden können. Entsprechend teuer sind die Getränke (bottle service mit eigener Bedienung gibt es hier auch) und der Dresscode ist sehr strikt – edel und schick, Frauen sollten definitiv hohe Schuhe tragen!

Zentrum | 188 Bis Rue de Rivoli | www.viproom.com | Métro: Tuileries und Palais-Royal-Musée du Louvre |@viproomofficial

LA STATION GARE DES MINES

>> ELEKTRO, ROCK, DIVERS

Fans von Hardcore, Punk und Techno sind im alternativen Club La Station – Gare des Mines, einem ehemaligen Kohlewerk, genau richtig. Es gibt auch einen coolen Außenbereich. In der Underground Szene konnte sich der Club in den letzten Jahren einen Namen machen.

Norden | 29 Avenue de la Porte d'Aubervilles | www.lastation.paris | Métro: Porte de la Chapelle und Front Populaire | @stationgaredesmines

24-HOUR FOOD

PIZZA NUIT

Seit 2010 gibt es hier von 22:30 Uhr bis 5 Uhr (Mo–Do) bzw. 6 Uhr (Fr–So) morgens Pizza für alle, die etwas für den Magen brauchen.

6 Place Auguste Métivier | www.pizzanuit.fr | Métro: Père Lachaise

DJ-SETS, ELEKTRO, ROCK ...

BATOFAR

>> ELEKTRO, HIP-HOP

Das Batofar ist ein sehr beliebter Spot für Techno-Liebhaber (jedoch wird hier ab und an auch Hip-Hop oder Rock gespielt), die Location und ihre Aufmachung überzeugen auf Anhieb: ein Club auf einem roten Boot mit Leuchtturm. Tagsüber dient das Batofar obendrein als Restaurant und Café. An den Klubabenden legen hier international angesehene DJs auf und sorgen mit vorwiegend elektronischen Beats für eine einzigartige Atmosphäre mitten auf der Seine. Wer im Sommer dem Trubel der Großstadt entfliehen mag, ohne zum Strand zu fahren, kann hier Sonne tanken und entspannen. Definitiv rundum ein einzigartiges Erlebnis!

Süden | 11 Quai François Mauriac | www.batofar.fr | Métro: Bibliothèque François Mitterrand | @batofar_paris

Events
WANN? WIE? WO? ALLES, WAS MAN KENNEN MUSS.

In Paris pulsiert das Leben – das ganze Jahr hindurch gibt es coole Festivals und Events. Romantiker kommen dabei ebenso auf ihre Kosten wie Kulturfans, Modefreaks und Partygänger. Hier sind die Highlights im Überblick.

JANUAR

PARIS COCKTAIL WEEK

Lust auf coole neue Drinks? Dann auf zur Paris Cocktail Week, die alljährlich im Januar stattfindet. Das Besondere an diesem Event: Jede Bar, die daran teilnimmt, muss zwei exklusive Cocktails präsentieren! Außerdem werden Kurse und Workshops angeboten, und einige Gast-Barmixer stellen ihr Können mit dem Shaker unter Beweis. Dazu gibt's leckere Snacks, und mit dem Wochenpass – den man online gratis bekommt – wird alles sogar noch ein bisschen günstiger.
www.pariscocktailweek.fr

FESTIVAL MONDIAL DU CIRQUE DE DEMAIN

Zirkusfans aufgepasst! Jedes Jahr im Januar kommen in Paris junge Nachwuchs-Artisten aus aller Welt zusammen, um beim Festival Mondial du Cirque de Demain ihr Können in unterschiedlichen akrobatischen Disziplinen, beim Tanz auf dem Seil und beim Jonglieren zu präsentieren. Das kunterbunte Programm verspricht viel Abwechslung, so manche Darbietung ist sicher nichts für schwache Nerven. Und wie es sich für einen hochkarätigen Wettbewerb gehört, werden die Teilnehmer von einer internationalen Jury bewertet und die besten drei am Ende mit Medaillen ausgezeichnet.
www.cirquededemain.paris

FEBRUAR

CHINESISCHES NEUJAHRSFEST

Bunt, schillernd und exotisch geht es zu, wenn im asiatisch geprägten 13. Arrondissement anlässlich des chinesischen Neujahrsfestes Ende Januar/Anfang Februar die traditionellen Drachenumzüge und Laternenfeste veranstaltet werden. Besonders sehenswert sind die großen Paraden in Belleville und im Marais sowie der farbenfrohe Umzug rund um die Place d'Italie.

VALENTINSTAG IN DER STADT DER LIEBE

Zum Valentinstag am 14. Februar sind auf den Speisekarten der meisten Pariser Restaurants besonders romantisch kreierte Menüs für Verliebte zu finden.

MÄRZ

PARIS FASHION WEEK

Jedes Jahr Anfang März herrscht Catwalk-Stimmung in Paris. Auf den Straßen tummeln sich die Stars der internationalen Modebranche und die Blicke der gesamten Szene sind voller Spannung auf Frankreichs Hauptstadt gerichtet, wenn auf der Paris Fashion

Week die neuesten Trends der Prêt-à-porter-Kollektion für den kommenden Herbst präsentiert werden. Ein absolutes Muss für Mode-Fans!

APRIL

FOIRE DU TRÔNE

Ein geschichtsträchtiges Highlight im Pariser Veranstaltungskalender ist dieser gigantische Jahrmarkt, dessen Tradition bis in das Jahr 957 n. Chr. zurückreicht! Die Foire du Trône findet jedes Jahr in den Monaten April und Mai auf der Pelouse de Reuilly im westlichen Teil des Bois de Vincennes statt und lockt mit rasanten Fahrgeschäften, Geisterbahnen und Riesenrädern sowie mit spannenden Thementagen, Festen und Events riesige Besucherscharen an.
www.foiredutrone.com

MAI

NUIT EUROPÉENNE DES MUSÉES

Dass erfolgreiche nationale Kultur-Events auch international ein Hit sein können, zeigt die „Europäische Nacht der Museen", an der sich jedes Jahr zahlreiche Pariser Museen beteiligen. Bis tief in die Nacht ist dann „Kultur pur" angesagt und das Beste: Der Eintritt ist meist frei!
www.nuitdesmusees.fr

JUNI

PARIS PRIDE

Am letzten Samstag im Juni gehört Paris der schillernden LGBTQ-Community, die dann fröhlich und ausgelassen mit bunt geschmückten Festwagen, crazy Kostümen und dröhnender Musik durch die Stadt zieht. Ein Straßenfest der Extraklasse, das sich rund um Toleranz, Akzeptanz und vor allem – wie passend – um die Liebe dreht.
www.gaypride.fr

FÊTE DE LA MUSIQUE

Zur Sommersonnenwende am 21. Juni liegt in ganz Frankreich Musik in der Luft! Überall in den Dörfern und Städten, vor allem aber in Paris, ist die Mittsommernacht angefüllt mit Pop-, Rock-, Jazz-, Klassik- oder Reggae-Klängen, zum Besten gegeben von Hobbymusikern ebenso wie von professionellen Bands, die gratis auftreten. Die Stimmung ist großartig – Sommerfeeling vom Feinsten!
www.fetedelamusique.fr

JULI

NATIONALFEIERTAG

Vive la France! Am 14. Juli wird der Sturm auf die Bastille in der französischen Hauptstadt mit einer pompösen Militärparade inklusive „Tricolore"-Fliegerstaffel sowie einem gigantischen Feuerwerk gefeiert.

FREILUFTKINO IM PARC DE LA VILLETTE

Von Juli bis August verwandelt sich die große Wiese im Parc de la Villette in ein gigantisches Kino unter freiem Himmel. Gezeigt werden ausgesuchte Streifen, die man herrlich entspannt bei einem Drink im Liegestuhl oder bequem im Gras auf der Picknickdecke genießen kann. Und das Coolste daran: Der Kinospaß kostet nichts!

LOW $ BUDGET

Events

WANN? WIE? WO? ALLES, WAS MAN KENNEN MUSS.

FESTIVAL PARIS L'ÉTÉ

Ein Highlight unter den Pariser Sommerfestivals ist dieses mehrwöchige Groß-Event, das seit 1990 jedes Jahr im Hochsommer die Plätze und Parkanlagen von Paris und den umliegenden Städten mit kunterbuntem Leben füllt. Das vielseitige Programm kostet fast nichts und reicht von Theater-, Tanz- und Zirkusvorführungen bis hin zu tollen Konzerten.

www.parislete.fr

FNAC LIVE FESTIVAL

Mitte Juli steht Paris für vier Tage Kopf, wenn die Place de l'Hôtel-de-Ville zur Konzertbühne wird. Neben bekannten Musikern treten vor dem Rathaus auch talentierte Newcomer auf, in der Hoffnung, bei dieser Gelegenheit den Durchbruch zu schaffen. Und diese Hoffnung ist berechtigt, denn weil das Festival kostenlos ist, zieht es von Jahr zu Jahr mehr Zuschauer an, die sich zu den heißen Pop-, Rock- und Elektrobeats mal so richtig auspowern möchten. Da zur selben Zeit auch die Paris Plages (Pariser Strände) am Seineufer stattfinden, relaxen viele Besucher den Tag über dort und lassen ihn dann beim Fnac Live Festival mit einem Konzert ausklingen – eine absolute Empfehlung!

www.fnac.com

LOW $ BUDGET

AUGUST

L'ÉTÉ DU CANAL

Ein Festival der ganz besonderen Art: Jedes Jahr findet an den Ufern des Canal de l'Ourcq über mehrere Wochen ein buntes Veranstaltungsprogramm statt. Bei Filmvorführungen, Konzerten, verschiedenen Wassersportaktivitäten, Floßfahrten und einem tollen kulinarischen Angebot kann man hier bestens entspannen und die Sommerstimmung genießen!

PARIS PLAGES

Strandvergnügen mitten in Paris gibt es ab Mitte Juli für ein paar Wochen am Ufer der Seine, wenn in den Abschnitten am Parc Rives de Seine und am Bassin de la Villette (sogar mit Bademöglichkeit) die fast exotisch anmutenden Pariser Strände entstehen. Eine klasse Möglichkeit, um an heißen Tagen zu relaxen.

SEPTEMBER

JOURNÉES EUROPÉENNES DU PATRIMOINE

Anlässlich des europäischen Denkmalschutztages am dritten Wochenende im September öffnen viele normalerweise nicht zugängliche Gebäude, zum Beispiel Ministerien und Botschaften, ihre Tore für Besucher.

www.journeesdupatrimoine.fr

TECHNO PARADE

Bunt und laut wird es an einem Samstag im September, wenn ein schriller Umzug

mit geschmückten Wagen, mit Musikern und DJs, in Begleitung einer ausgelassen feiernden Menschenmenge, dröhnend durch die Stadt zieht.
www.technoparade.fr

OKTOBER

JOURNÉE SANS VOITURE
Autofrei – Spaß dabei! Immer am ersten Sonntag im Oktober gehört die Pariser Innenstadt ausschließlich den Fußgängern und Radfahrern.
www.parissansvoiture.com

FÊTE DES VENDANGES
Auf dem beliebten Weinfest, das alljährlich Mitte Oktober stattfindet, dreht sich alles um die Weinlese am Montmartre. Gefeiert wird mit Konzerten, Ausstellungen und Kostümvorführungen – und weil viele Bars und Restaurants an dem Festival teilnehmen, gibt's natürlich auch leckeres Essen und jede Menge guten Wein.
www.fetedesvendangesdemontmartre.com

NUIT BLANCHE
Jedes Jahr am ersten Samstag im Oktober verwandelt sich die ganze Stadt in ein einzigartiges Lichtermeer und etwas Magisches liegt in der Luft. Museen, Clubs und Bars haben die ganze Nacht hindurch geöffnet und locken mit außergewöhnlichen Musik- und Kunst-Events tausende Besucher an.

NOVEMBER

ILLUMINATIONS DE NOËL
Ab Mitte November wird's wunderbar weihnachtlich im 8. Arrondissement, wenn die großen Prachtstraßen der Hauptstadt in herrschaftlicher Festbeleuchtung erstrahlen. Aber damit nicht genug: Denn die prächtig geschmückten Kaufhäuser Lafayette und Le Printemps machen das Pariser Weihnachts-Wonderland erst so richtig perfekt!

BEAUJOLAIS NOUVEAU
Traditionell steht der dritte Donnerstag im November ganz im Zeichen des Beaujolais Nouveau, wenn in den Vinotheken und Weinbars der Stadt die ersten Flaschen des neuen, sechs Wochen alten Rotweins feierlich verkostet werden.

DEZEMBER

LE FESTIVAL DU MERVEILLEUX
Jahrmarkt wie „anno dazumal": Das märchenhafte Festival des Musée des Arts Forains verzaubert jedes Jahr Ende Dezember/Anfang Januar kleine und große Besucher mit nostalgischen Karussells, Shows und vielen weiteren Attraktionen.
www.arts-forains.com

WEIHNACHTSMÄRKTE
Etwas Magisches liegt in der Luft, wenn in Paris die Weihnachtsmärkte öffnen. Mit rund 350 festlich beleuchteten Ständen findet einer der größten an der Grande Arche de la Défense vor spektakulärer Kulisse statt. Ruhig und besinnlich geht es dagegen im Dorf des Weihnachtsmanns in Saint-Germain-des Près zu, und das kleine Hüttendorf an der Place Raoul Dautry in Montparnasse ist mit seinem bunten Essensangebot ein Eldorado für Feinschmecker!

SILVESTER
Den Jahreswechsel in Paris zu erleben ist ein echtes Highlight! Vor allem auf der Place de la Bastille, rund um den Eiffelturm und auf der Avenue des Champs Élysées wird in der Silvesternacht gefeiert, was das Zeug hält.

FESTIVALS

DIE FRAGE IST NICHT OB, SONDERN ZU WELCHEM FESTIVAL DU GEHST.
PARIS HAT, WIE BEI FAST ALLEN DINGEN, FÜR JEDEN ETWAS.
WERDE EINS MIT DEN VIELEN VIBES DER STADT!

LOLLAPALOOZA

Vor einigen Jahren hat das berühmte Trend-Festival aus den USA auch Paris erobert und wird seitdem jedes Jahr von tausenden Musikbegeisterten frenetisch gefeiert. Auf der Bühne stehen die größten Stars der internationalen Musikszene und bringen die Massen zum Toben. Einziger Wermutstropfen: Die Tickets sind mit einem Einstiegspreis von ca. 80 Euro nicht gerade günstig …
www.lollaparis.com

WE LOVE GREEN-FESTIVAL

Nicht nur für Öko-Fans ein Highlight! Das We Love Green zählt mit seinem kreativen Line-up zu den beliebtesten Musikfestivals des Landes. Die Mission der Veranstaltung ist klar definiert: Alles steht im Zeichen von Nachhaltigkeit und Umweltschutz! Neben grandiosen Konzerten gibt es Vorträge, Workshops und ein Programm für Kinder. Und mit der Wahl des Bois de Vincennes als Veranstaltungsort wird diesem Event der perfekte grüne Rahmen gegeben.
www.welovegreen.fr

ELECTROLAND (DISNEYLAND PARIS)

Heiße Beats vor magischer Kulisse, aufgelegt von Newcomern und weltberühmten Stars der Electro-Szene, und dazu eine Lightshow, die ihresgleichen sucht – das alles bietet das grandiose Electroland-Festival im Disneyland Paris. Gigantische Soundsysteme versetzen die tanzenden Massen in Ekstase. Wer mal eine Pause braucht, kann zwischendurch die Attraktionen des Walt Disney Studios Park nutzen.
www.disneylandparis.com/de-de/events/electroland/

MARVELLOUS ISLAND

Ein Hauch von Karibik liegt in der Luft, wenn an der Plage de Torcy das Marvellous Island Festival steigt. Mit raffinierter Deko und visuellen Highlights wird das Ufergelände samt Bühnen und Relax-Zonen für ein Wochenende in eine exotische Oase verwandelt, die Fans von Techno und House zum Feiern und Chillen einlädt.
www.marvellous-island.fr

PLEASE don't STOP THE Music

THE PEACOCK SOCIETY FESTIVAL

Seit 2013 pilgern tausende House- und Techno-Fans nach Paris, um auf dem Peacock Society Festival im Parc Floral ein Wochenende lang zu feiern. Internationale Superstars und aufstrebende Newcomer aus diversen Genres der Elektro-Szene sorgen mit coolen Live-Acts für exzessiven Partyspaß unter freiem Himmel. Besser kann man nicht in den Sommer starten…
www.thepeacocksociety.fr

LA PLAGE DE GLAZART

La Plage de Glazart bringt den Sommer nach Paris und sorgt mit chilligen Club-Abenden und Gratis-Konzerten unter freiem Himmel für eine entspannte Festival-Atmosphäre. Schauplatz ist der ehemalige Busbahnhof Le Glazard, der sich mit einem Konzertsaal und Ausstellungsräumen prima als Location für Veranstaltungen eignet und von Juli bis September mit aufgeschüttetem Strand, Liegestühlen, Foodtrucks und Boulebahnen zum Beach-Club wird.
www.facebook.com/LaplageDeGlazart

SOLIDAYS

Beim Solidays Ende Juni dreht sich drei Tage lang alles um den guten Zweck, denn sämtliche Einnahmen kommen einer Aids-Stiftung zugute. An die 200 000 Fans feiern hier jedes Jahr zu Hip-Hop-, Rock- und Elektro-Klängen von französischen und internationalen Musikgrößen, die für eine geringe Gage oder häufig auch gratis auftreten. Schauplatz ist das Hippodrome Paris Longchamps, der Eintritt erfolgt per Tagespass oder per Mehrtagesticket inklusive Campingmöglichkeit.
www.solidays.org

ROCK EN SEINE FESTIVAL

DER Klassiker unter den Musikfestivals! Seit 2003 steigt jedes Jahr Ende August das große Rockfestival an der Seine im Schlosspark von Saint Cloud. Drei Tage lang sind weltbekannte Stars zu Gast, die den Fans einheizen. Auch für dieses Festival werden Tagespässe und Mehrtagestickets samt Campingmöglichkeit angeboten.
www.rockenseine.com

PARIS HIP HOP FESTIVAL

Das Festival Paris Hip Hop gilt als angesagter Treffpunkt der internationalen Hip-Hop-Szene und ist mit mehreren Veranstaltungen in Paris und der näheren Umgebung ein alljährliches Highlight für die Fans dieses Genres. Es verbindet Musik aus unterschiedlichen Strömungen wie Rap, Hip-Hop, House und Break und lädt zum kreativen Austausch und zum Feiern ein.
www.paris-hiphop.com

PARIS
MÉTRO – RER – TRAMWAY

PARIS Métro

- ÉPINAY ORGEMONT (T8)
- ASNIÈRES – GENNEVILLIERS LES COURTILLES (13) (T1)
- Les Grésillons
- PONT DE BEZONS (T2)
- Les Agnettes
- Gabriel Péri
- Marie de Clichy
- PONT DE LEVALLOIS BÉCON (3)
- Anatole France
- Louise Michel
- Porte de Champerret
- Péreire - Levallois
- Wagram
- A3 Cergy Le Haut
- A5 Poissy
- A1 St-Germain-en-Laye
- CH. DE GAULLE ÉTOILE
- Ternes
- George V
- LA DÉFENSE Grande Arche
- Esplanade de la Défense
- Pont de Neuilly
- Les Sablons
- Porte Maillot
- Neuilly - Porte Maillot
- Argentine
- PORTE DAUPHINE (2)
- Av. Foch
- Kléber
- Victor Hugo
- Boissière
- Av. Henri Martin
- Trocadéro
- Rue de la Pompe
- Iéna
- Alma Marceau
- Bois de Boulogne
- Boulainvilliers
- La Muette
- Passy
- Pont de l'Alma
- Ranelagh
- La Tour-Maubourg
- Jasmin
- Avenue du Pdt Kennedy
- Champ de Mars Tour Eiffel
- Michel-Ange Auteuil
- Bir-Hakeim
- Port d'Auteuil
- Église d'Auteuil
- Dupleix
- La Motte Grenelle
- Boulogne - Jean Jaurès (10)
- Michel-Ange Molitor
- Javel
- André Citroën
- Charles Michels
- Cambronne
- BOULOGNE PT. DE ST-CLOUD
- Exelmans
- Chardon Lagache
- Mirabeau
- Av. Émile Zola
- Commerce
- Porte de St-Cloud
- Félix Faure
- Boulevard Victor
- T3a
- Boucicaut
- Volontaires
- Marcel Sembat
- PONT DE GARIGLIANO
- Lourmel
- Vaugirard
- Billancourt
- BALARD (8)
- Convention
- PONT DE SÈVRES (9)
- Henri Farman
- Suzanne Lenglen
- Porte d'Issy
- PORTE DE VERSAILLES (T2)
- VIROFLAY RIVE DROITE (T6)
- Issy
- Meudon-Val-Fleury
- Corentin Celton
- Viroflay Rive Gauche
- Chaville-Vélizy
- MAIRIE D'ISSY (12)
- Malakoff Rue É...
- C5 Versailles – Rive Gauche / Château de Versailles
- C7 St-Quentin-en-Yvelines
- C8 Versailles Chantiers
- T6 (13) CHÂTILLON – M...

Légende

- (3) GALLIENI — Numéro de ligne/Terminus
- Hoche — Métro avec station
- Pantin — RER-ligne avec gare
- Tramway avec station
- Correspondance des stations
- Correspondance Métro-RER ou Métro-SNCF
- chemin de fer avec gare
- Metro en construction

LEAVE ONLY *Footsteps* TAKE ONLY *Memories.*

HALT SIE FEST! DEINE GANZ PERSÖNLICHEN
HOT SPOTS, GEHEIMTIPPS & ERINNERUNGEN.

MY NOTES

Vor der Reise

NICHT VERGESSEN!

MY NOTES

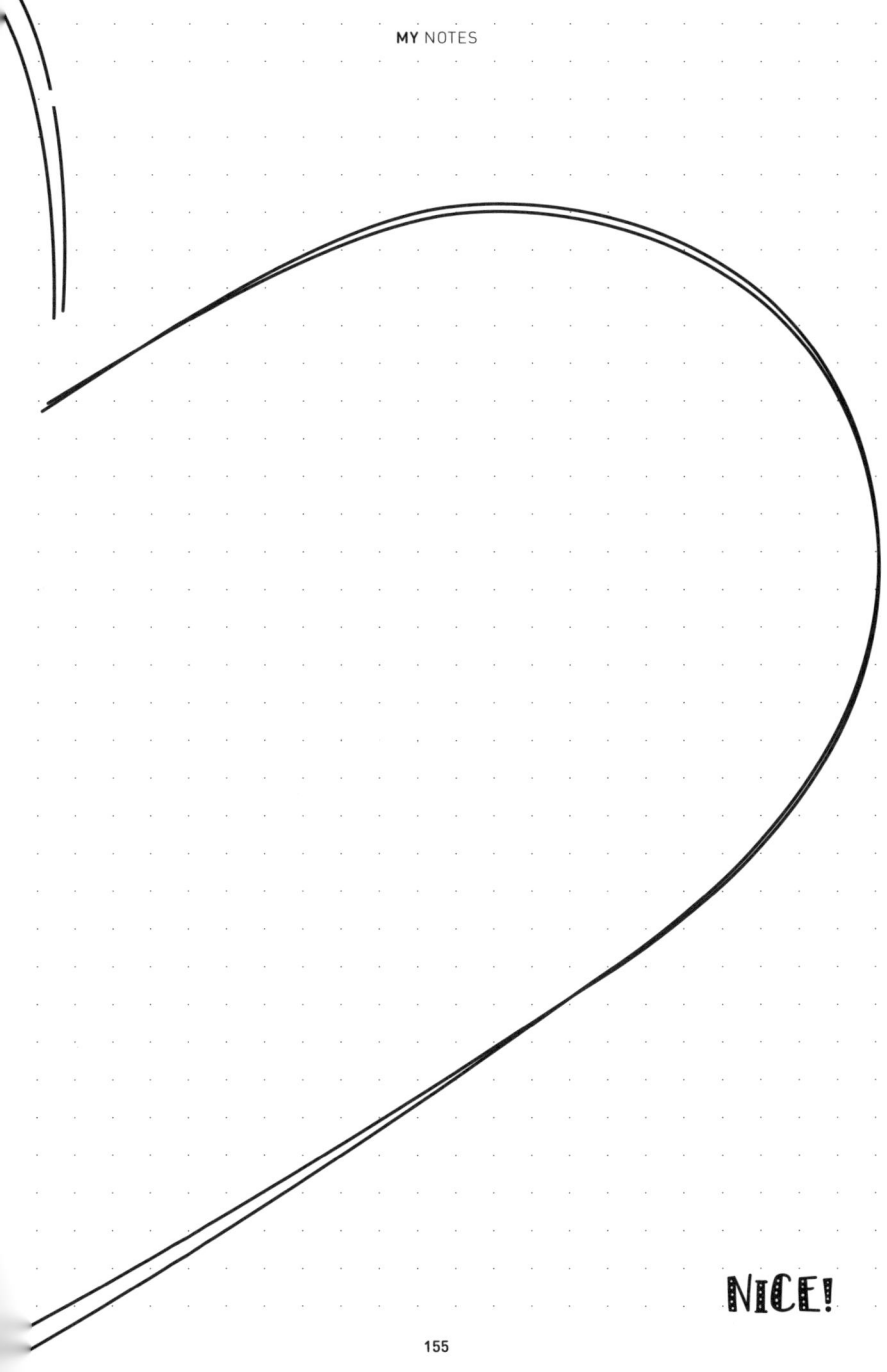

NICE!

WERDE ZUM
RESTAURANTKRITIKER
Paris

RESTAURANT / CAFÉ

ORT / DATUM

GERICHT

KOMMENTAR

☆ ☆ ☆ ☆ ☆   EMPFEHLENSWERT   YES ☐   NO ☐

RESTAURANT / CAFÉ

ORT / DATUM

GERICHT

KOMMENTAR

☆ ☆ ☆ ☆ ☆   EMPFEHLENSWERT   YES ☐   NO ☐

RESTAURANT- UND CAFÉKRITIKER PARIS

RESTAURANT / CAFÉ

ORT / DATUM

GERICHT

KOMMENTAR

☆ ☆ ☆ ☆ ☆   EMPFEHLENSWERT   YES ☐   NO ☐

RESTAURANT / CAFÉ

ORT / DATUM

GERICHT

KOMMENTAR

☆ ☆ ☆ ☆ ☆   EMPFEHLENSWERT   YES ☐   NO ☐

Yummy, Yummy!

RESTAURANT / CAFÉ

ORT / DATUM

GERICHT

KOMMENTAR

☆ ☆ ☆ ☆ ☆   EMPFEHLENSWERT   YES ☐   NO ☐

BILDNACHWEIS

Fotos: Bar Bisou: Ronan le May (107); Café A (132); Café Kitsuné (31); DuMont Bildarchiv: Frank Heuer (29, 39); iStockphoto: digitalimagination (138/139), Instamatics (17), StockByM (Cover l.), wjarek (104); laif/Camera Press: Anton Dijkgraaf (110); laif/hemis.fr: Bertrand Gardel (55 l.); laif/REA: Marta Nascimento (86); Lookphotos/seasons.agency/Jalag: Natalie Kriwy (134); Louisa Löw (Cover M., Rückcover, 3 o., 3 M. r., 3 u., 4, 11, 12, 16, 20, 21, 22, 30, 37, 38, 42, 48, 49, 50, 52 l., 56, 57, 82, 102, 103, 106, 108, 118, 124, 129, 137, 158); Mamie Gâteaux (84); mauritius images/age fotostock (88); mauritius images/AGF: Lorenzo De Simone (55 r.); mauritius images/Alamy: Maxime Bessieres (101 u.), Peter Forsberg (101 o.), H-AB (59 u.), Paris Le Marais (78 l.), Photononstop (63), Zoran Stanojevic (62), Viennaslide (77, 123); mauritius images/Photononstop (100); picture-alliance/abaca: Edouard Grandjean (34); picture-alliance/maxppp: Valentin Cebron (28); picture-alliance/Photo12: Gilles Targa (60); Nastasia Pupkoff, (33); Shutterstock: Alizada Studios (76 r.), Catarina Belova (112), Elena Dijour (139 u.), enricoRubicondo (70), EQRoy (93 r.), Eric2x (51), Fabianodp (26/27), Yana Fefelova (64), gabriel12 (139 o.), Mikhail Gnatkovskiy (75), bensliman hassan (96), Lena Ivanova (32), JeanLucIchard (59 o.), Yin Jiang (93 l.), Petr Jilek (78 r.), Iakov Kalinin (54), Ruslan Kalnitsky (24), Kempie (76 l.), Petr Kovalenkov (85), TK Kurikawa (41), Jerome Labouyrie (18), Katie Lange (46/47), Tommy Larey (119, 127), eric laudonien (122 o.), Andre Luis Leutz (Cover r.), Ella Man (80), MarinaD_37 (69), maziarz (23), Mister_Knight (58), Luciano Mortula - LGM (68), Christian Müller (126), Mykolastock (27), Nadiia_foto (73), nataliajakubcova (130), Obs70 (98), Oliverourge3 (105), Page Light Studios (120, 128), peizais (116/117), Anastasia Petrova (97), pisaphotography (92), Elena Pominova (95), Rod Remark (94/95), Rrrainbow (81), Samot (74), Worakit Sirijinda (117), SosnaRadosna (46), Spiroview Inc (72/73), Khun Ta (122 u.), Evgeniya Telennaya (3 M. l.), TinnaPong (52 r.), Iris van den Broek (40/41), Christina Vartanova (87)

IMPRESSUM

2. Auflage, Mai 2022
ISBN | 978-3-8283-0958-6

Konzeption & Chefredaktion | Selina Louise Missel
Co-Autorin | Louisa Löw
Produktion | red.sign GbR, Stuttgart
Design & Illustration | Ina-Marie Inderka
Kartografie | Hallwag Kümmerly+Frey AG

Printed in Italy

MIX
Paper | Supporting responsible forestry
FSC® C015829

Sag uns deine Meinung!

Egal ob du uns von deinem schönsten Urlaubsmoment, dem besten Foodspot oder der coolsten Foto-Location erzählen willst, schreib uns unbedingt! Natürlich freuen wir uns auch über Lob und Kritik zu unseren TravelBooks.

hello@guideme.ch

Hinweis

Dieser Reiseführer wurde natürlich mit allergrößter Sorgfalt und viel Herzblut für dich erstellt und recherchiert, allerdings können dem größten Streber Fehler unterlaufen und manche Adressen und Gegebenheiten ändern sich schneller, als man denkt. Deshalb müssen wir aus rechtlichen Gründen betonen, dass inhaltliche und sachliche Fehler leider nicht ausgeschlossen werden können. Alle Angaben sind ohne Gewähr des Autors oder des Verlages und somit besteht keine Haftung. Sollten dir allerdings Fehler auffallen, freuen wir uns über eine Nachricht von dir an hello@guideme.ch. PS.: Einen kleinen „Fehler-Finderlohn" gibt's dann natürlich auch von uns!

Dieses Werk ist urheberrechtlich geschützt. Alle Rechte vorbehalten. Vollständiger oder auszugsweiser Nachdruck nur mit schriftlicher Bewilligung des Herausgebers. Die Übertragung der Daten in elektronische Systeme ist ebenso unzulässig und strafbar.

@guideme_travel | www.guideme.ch

© Hallwag Kümmerly+Frey AG, Grubenstrasse 109, CH 3322-Schönbühl-Bern

Genug von Paris?

DANN REISE MIT UNS DOCH MAL NACH...

DEINE LIEBLINGSSTADT FEHLT? DANN
SCHREIB UNS UNTER HELLO@GUIDEME.CH
VIELE WEITERE GUIDEME PRODUKTE
FINDEST DU UNTER WWW.GUIDEME.CH